LA FRANCE ORIENTALE

—

MADAGASCAR

DU MÊME AUTEUR

LES PORTS ET MOUILLAGES
DE LA COTE EST
DE L'ILE DE MADAGASCAR

LA FRANCE ORIENTALE

L'ILE DE MADAGASCAR

Par E. LAILLET

INGÉNIEUR

EXPLORATEUR DE L'ILE DE MADAGASCAR

SA SITUATION

SES PRODUITS. — SES HABITANTS ET LEURS MŒURS

LA FRANCE A MADAGASCAR

DEPUIS SA DÉCOUVERTE JUSQU'A NOS JOURS

PARIS

CHALLAMEL AINÉ, ÉDITEUR

LIBRAIRIE COLONIALE

5, rue Jacob et rue Furstenberg, 2

1884

Tous droits réservés

Lorsque j'habitais Madagascar en 1877, un de mes bons amis de Mahanoro me disait au moment de mon retour en Europe : « on quitte Madagascar, mais on y revient toujours !... pas adieu, mais au revoir !...

Je n'aurais pas attaché une grande importance à ces paroles si elles n'avaient été prononcées avec un ton de conviction profonde.

Voilà près de sept ans de cela, et plus les années se succèdent, plus je trouve fondées les paroles de mon ami, et plus je suis animé d'un désir progressif et irrésistible de revoir ce beau soleil, cette belle végétation, ces mœurs naturelles, simples, et cette nature abrupte où le nouveau succède au nouveau pour attirer l'esprit fort agréablement, sans aucune interruption.

L'homme aime au plus haut point ce nou-

PRÉFACE

veau, et son attraction lui enlève généralement tout regret des plaisirs abondant dans les pays civilisés, ce qui fait qu'en quittant Paris au milieu du bruit et des affaires, on se plaît à Madagascar au milieu d'un calme complet, se contentant de passer son temps en contemplation devant les œuvres d'une nature empreinte d'un cachet primitif et introuvable maintenant dans la plupart des colonies.

Peut-on avoir habité ce beau pays, sans l'étudier et sans être tenté d'en raconter l'histoire ?..... Non !... car ce serait du pur égoïsme de concentrer en soi ce que l'on a vu et appris, pour en priver ceux qui ne peuvent visiter la grande île africaine en dehors de l'imagination.

Ingénieur, je suis allé rompre le premier le cachet primitif de cette terre, en y créant la première industrie européenne. Voyageur et explorateur, j'ai compris que je devais m'appliquer aux curiosités de toutes sortes s'offrant à mes yeux et m'occuper également des questions scientifiques et historiques de Madagascar.

C'est pourquoi, après avoir commencé par

PRÉFACE

doter nos musées de Paris et des Vosges de sujets et objets nouveaux, après avoir édité mes PORTS ET MOUILLAGES DE LA CÔTE EST, je viens aujourd'hui vous présenter un nouvel ouvrage...... La France orientale...... Madagascar.

Cette île qui a été visitée si souvent depuis plusieurs siècles a été continuellement le sujet d'ouvrages nombreux, d'une valeur incontestable, mais dont les plus autorisés ont le défaut d'être d'une importance trop grande et peu en rapport avec le courage des lecteurs.

Je n'ai pas voulu tomber dans la même faute et au lieu d'étendre mes notes, je me suis contenté de les réduire et d'offrir un texte restreint permettant de passer rapidement d'une idée à une autre.

Mon journal a été dressé jour par jour pendant mon séjour à Mahanoro, Tamatave, etc., etc... et pendant mes diverses excursions dans l'intérieur où j'ai remonté la majeure partie du fleuve le Mangourou... C'est de ce journal que j'ai tiré ce travail d'autant plus agréable à produire que le texte est rempli pour moi de souvenirs inénarrables.

PRÉFACE

Pourquoi ai-je attendu sept années avant d'éditer ce travail?... C'est qu'en ce moment, notre drapeau étant engagé dans cette île, il me semble que mes compatriotes doivent demander à connaître cette terre et le rôle que la France y a joué depuis Louis XIII.

L'histoire de la France à Madagascar, doit toucher d'autant plus le cœur français que nous avons toujours été impuissants à y demeurer, aussi, je m'étends sur ces faits et viens vous dire : « Je connais Madagascar, voilà sa description, ses inconvénients et ses avantages ; j'aime ce pays, non seulement parce qu'il est beau, mais parce que j'espère le voir civiliser par la France...

Et en attendant la fin des événements, confiant plus que jamais dans les paroles de mon ami de Mahanoro, j'espère retourner explorer non Madagascar !..... mais la France *orientale à l'ombre du pavillon français.*

E. LAILLET.

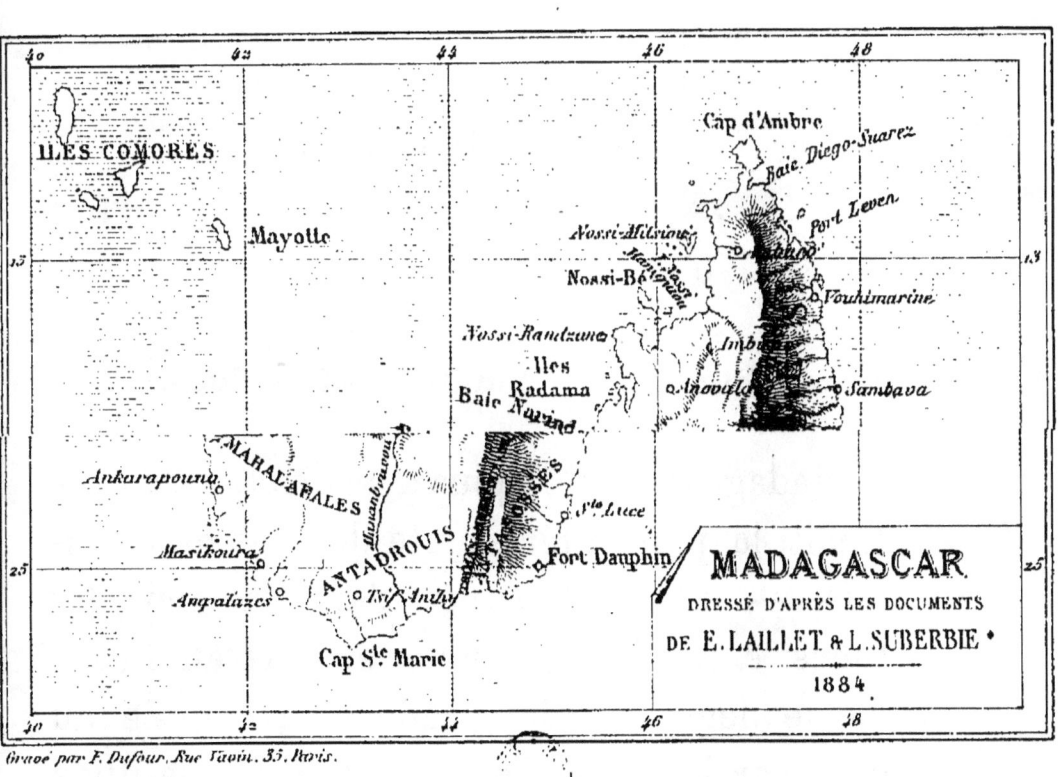

MADAGASCAR

DESCRIPTION DE L'ILE

Situation. — Limites. — Étendues.

Madagascar est la plus grande et, sans contredit, la plus intéressante des îles de l'Afrique. — Elle est située dans la mer des Indes entre les quarante et quarante-neuvième degrés de longitude Est ; limitée au nord par le cap d'Ambre 11° 57' 20" latitude Sud, elle se termine au sud par le cap Sainte-Marie 25° 45' 0" de la même latitude.

Approximativement, l'étendue moyenne du Nord au Sud peut s'évaluer à 360 lieues, et de l'Est à l'Ouest à 100 lieues, mesures prises, bien entendu, à vol d'oiseau.

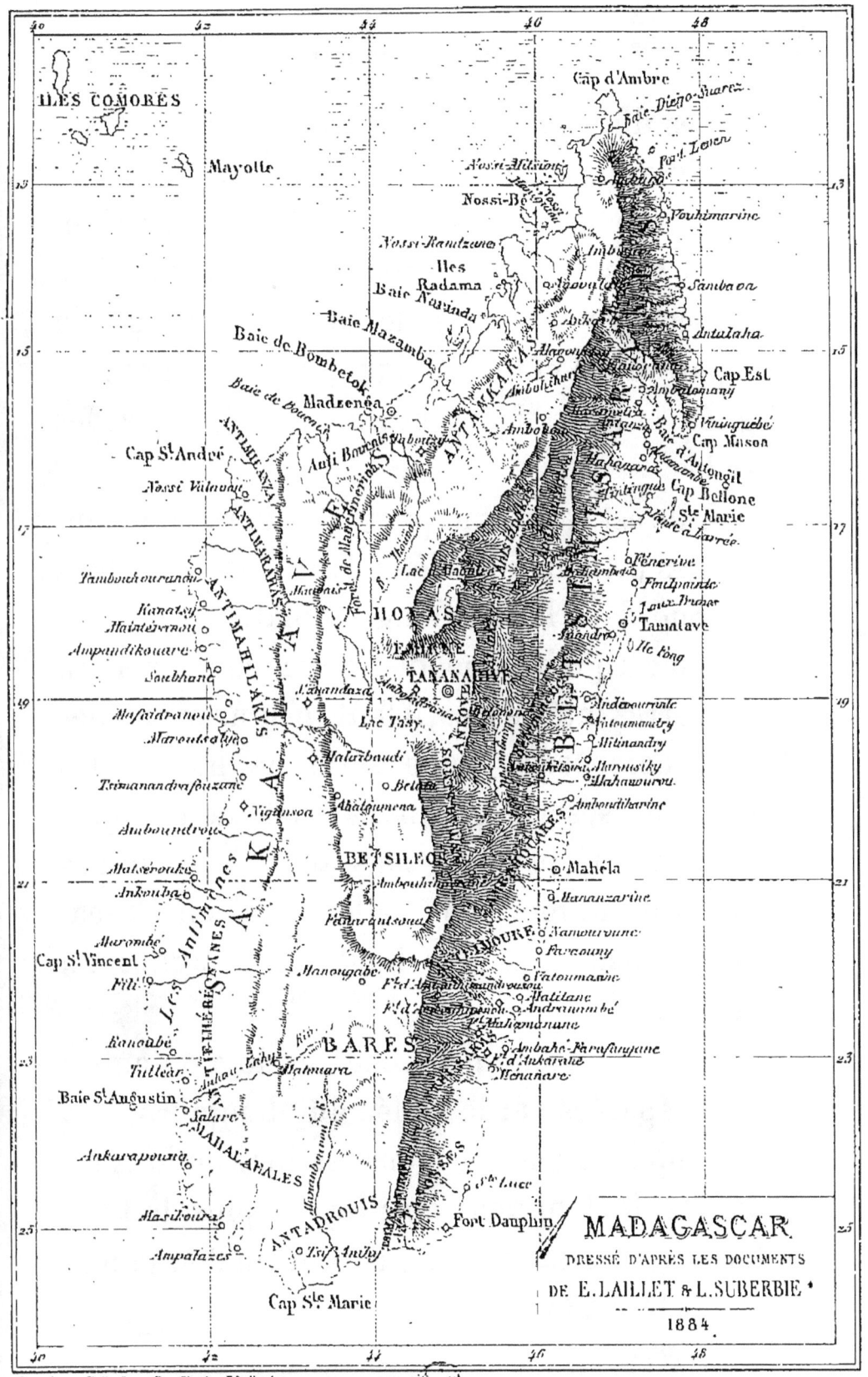

Ces dimensions extrêmes donnent une superficie égale à celle de la France.

La partie nord de l'Ile, s'incline légèrement vers l'Est. — Madagascar est bordée à l'Ouest par le canal de Mozambique qui la sépare de la côte d'Afrique, et se trouve baignée à l'Est, Nord et Sud par la mer des Indes.

L'île est parcourue par trois chaînes de montagnes principales, s'étendant toutes du Nord au Sud dans le sens longitudinal.

Pour se faire une idée de la conformation des terres intérieures, il faut se figurer qu'elles sont composées d'une série de monticules juxtaposés, se succédant parallèlement et graduellement, prenant naissance à quelques lieues de la mer, pour aller ainsi en s'escaladant jusqu'aux plus hautes montagnes du centre.

Les deux principales chaînes de montagnes sont séparées par la vallée du Mangouro.

Comme on l'a vu dans les instructions ci-dessus, la longueur de l'Ile est plus de trois fois égale à sa largeur, ce qui lui donne une forme très allongée.

Le contour, évalué à 900 lieues, est parsemé d'un certain nombre d'îles que la France a pu conserver, et dont les principales sont : Nossi-Bé au Nord-Ouest et Sainte-Marie à l'Est.

Enfin un grand nombre de cours d'eau parcourent ce beau pays, pour en faire certainement un des mieux arrosés du globe, et lui procurer ainsi une végétation luxuriante qui lui est propre.

Malgré la fausse théorie, qui était autrefois admise, que l'Ile se trouvait traversée par une seule chaîne de montagnes, il est cependant de la dernière évidence, qu'elle a deux versants principaux, l'un à l'Est, l'autre à l'Ouest, facilitant la dispersion régulière des eaux sur tout le littoral.

Quoique la largeur de l'Ile ne permette pas un long parcours aux eaux, l'abondance des pluies, surtout pendant l'hivernage, fait que certains fleuves, ont une importance au moins égale à nos plus beaux cours d'eau de France. — Mais..., car il y a toujours un mais, dans toute chose..., la nature n'a pas permis de les utiliser industriellement ou commercialement; car des dépôts considérables de débris madréporiques, formés comme vous le savez par des petits animaux marins, s'accumulant constamment par le mouvement répété des vagues, forment presque toujours une barre à l'entrée des rivières, et empêchent les bateaux d'y pénétrer ; de plus, la disposition du sol allant en amphithéâtre vers le centre, occasionnent des cascades infranchissables.

Ces débris madréporiques ont également un inconvénient, bien plus terrible que celui dont nous venons de parler; ils ont donné naissance à des récifs dangereux, s'étendant quelquefois à plusieurs milles des côtes ; et si parfois ils viennent former des mouillages sûrs et spacieux, ils n'en constituent pas moins un péril imminent pour les navires mouillant sur la côte sans indications suffisantes.

A ce dernier sujet, permettez-moi une légère distraction au cours de cet ouvrage, pour parler de mes travaux sur les ports et mouillages de la côte Est, donnant maintenant aux navires venant sur cette côte le pouvoir d'y mouiller sans hésitations.

Arrivé à Madagascar, non seulement comme explorateur, mais encore dans un but industriel, je fus frappé du peu de documents existant entre les mains des capitaines... Je dis frappé pour ne pas m'en dire dupé... car en 1876, sur le trois-mâts « *la Mésange* de Marseille » capitaine Jean-Jean, nous avons parfaitement manqué le mouillage faute de renseignements.

Au lieu de nous présenter à 4 milles au Nord de la pointe, pour descendre ensuite entre la côte et les récifs, nous sommes arrivés à un mille environ au Sud de la batterie.

Pour manquer un mouillage... c'était un mouillage bien manqué... car drossés par un courant portant sud de six milles à l'heure, avec accompagnement de vent debout, nous avons mis près de huit jours pour revenir à Mahanoro.

Enfin pour comble de malheur une fois en rade, impossible de descendre à terre, la rivière étant bouchée par les sables et ce ne fut qu'à la suite de six jours de travail exécuté par les habitants du pays, qu'il nous a été possible de descendre à terre après une traversée de près de quatre mois.

Ceci dit pour montrer aux capitaines l'importance qu'il convient d'apporter à mes renseignements, revenons à notre ouvrage.......

Comme je le racontais plus haut, les fleuves ne sont pas avantageusement utilisés ; il n'en serait pas de même si au lieu d'être à Madagascar, ils se trouvaient au milieu d'un peuple de progrès, car on pourrait facilement les canaliser et avoir ainsi, entre le littoral et le centre des communications commerciales peu coûteuses pour les habitants.

Actuellement, les transports du littoral avec l'intérieur, à part quelques cas particuliers, ne peuvent se faire à l'aide de la navigation fluviale, elle a lieu de la façon la plus primitive, à dos d'hommes à travers des sentiers impraticables.

Des hommes en font un métier et vous les voyez porter sur leurs épaules, en courant à petits pas, des charges d'environ 75 kilos réparties à chaque extrémité d'un bambou.

Cet effort continuel finit par leur déformer l'épaule, et ils arrivent souvent à des difformités repoussantes.

Nature du Pays. — Climat.

A Madagascar, l'année se compose de deux saisons bien distinctes.

Sur les côtes, la saison sèche s'étend d'Avril en Novembre; pendant cette époque on se porte généralement bien, et l'on est presque toujours exempt des fièvres.

La saison pluvieuse a lieu de Novembre à la fin de Mars; c'est pendant cette saison, qu'on trouve les pluies abondantes, les orages et presque annuellement les ouragans; c'est aussi la saison la plus malsaine.

Ces ouragans ou cyclones, qui ravagent si cruellement les colonies de Bourbon et Maurice, atteignent généralement quelques points de la côte Est de Madagascar et sont souvent pour les planteurs une ruine complète.

Celui de mars 1877 à détruit à Madagascar les plus belles cultures de café.— En une nuit, le travail et la fortune de bien des colons ont été anéantis, par la dévastation de leurs caféières sur lesquelles ils formaient les plus belles espérances.

Cet événement était d'autant plus terrible qu'il supprimait à tout jamais cette culture, dont la plante convenait parfaitement au sol Malgache.

J'ai assisté à ce cyclone au milieu d'un village mal construit, et dont les cases ne pouvaient résister aux premières rafales.

Vous dire comment je m'en suis tiré, serait une chose fort difficile, car le vent m'a roulé aussi facilement que les sables et les arbres emportés violemment dans le tourbillon.

Rien ne résiste à ces courants et il est impossible de décrire les désastres qu'ils occasionnent.

Aussitôt que la baisse du thermomètre se fait sensiblement sentir, il est urgent d'amarrer solidement les habitations avec des cordages fixés à la toiture, et venant en haubans se fixer à une racine ou à un pieu que l'on plante profondément en terre ; pour les navires, il ne faut pas hésiter à prendre le large et se conformer ensuite aux indications scrupuleusement prescrites dans les lois de la navigation afin d'éviter le côté dangereux du cyclone.

Ne prenant pas le large, vous seriez inévitablement poussé à la côte, car lorsque le vent arrive de la mer, cette dernière vient battre les terres avec une vigueur incroyable; j'ai vu la mer monter ainsi de trois mètres et transporter une embarcation au milieu d'une forêt envahie par les eaux.

Le cyclone se compose de deux parties bien distinctes où le vent souffle avec une violence égale, et entre lesquelles un calme plat de deux heures marque parfaitement une interruption dans le courant circulaire du vent. Le calme est le moment le plus dangereux pour les navires pris dans le cours du cyclone, car ils sont battus par une mer furieuse sans pouvoir se soutenir avec la voile et le gouvernail.

Je me suis étendu sur cette calamité, parce que mon impartialité exige que je fasse également ressortir le bon et le mauvais ; et certainement mon devoir est de prévenir les planteurs qui auraient l'idée de venir à Madagascar et les navigateurs visitant les côtes pendant la mauvaise saison.

J'ai toujours entendu dire qu'un homme prévenu en valait deux !.....

Les débris Madréporiques, qui ont été une des transformations des côtes Malgaches, — ou peut-être sa formation entière, — ont créé non seulement des récifs, mais aussi une masse de dunes qui, en fermant ou rétrécissant le passage aux eaux venant de l'intérieur, ont formé des marais gigantesques ou lacs généralement peu profonds.

Ces principaux lacs se rencontrent surtout à la côte Est entre les 18 et 22°, et sont séparés seulement par quelques langues de terre, que l'on pourrait canaliser à peu de frais pour former ainsi des communications peu coûteuses sur un long parcours de la côte Est.

Ces marais ne doivent pas être étrangers aux fièvres intermittentes de la côte, fièvres rarement pernicieuses, il est vrai, pour les individus sobres, mais qui suffisent à anéantir une armée.

Le soldat ne peut avoir le confortable d'un voyageur pour plusieurs raisons ; un voyageur qui arrive, trouvera facilement une case vaste et aérée et des vivres frais ; mais une armée pénètre généralement après une dévastation complète, s'il reste des cases, elles servent à empiler les hommes. Cette agglomération et le peu de vivres frais qui se trouvent sur le passage d'une armée, forcent de nourrir le soldat avec des matières échauffantes plus ou moins bien conservées, qui lui donnent les fièvres.

Mon dire se confirme par toutes les expériences que notre armée a faite à Madagascar, et je dirai même que l'ennemi le plus terrible pour nous est la fièvre !.....

L'échelle thermométrique varie énormément dans l'île suivant les latitudes et les saisons ; au centre, la chaleur est toujours très modérée ; sur les côtes, il en est de même d'avril en novembre ; à cette époque, non seulement on se porte généralement bien, mais aussi le besoin des vêtements de drap se fait parfois sentir. — De novembre à mars, au contraire, la chaleur est intense et les pluies continuelles, accompagnées d'éclairs et de foudre, tombent durant toutes les nuits, rendant le pays fort humide, et par suite occasionnant particulièrement les fièvres paludéennes.

Depuis le déboisement d'une partie de Madagascar par les différentes tribus indigènes, soit pour se mettre à l'abri d'une surprise, soit pour défricher un sol propre à la culture, les fièvres semblent s'étendre des côtes dans l'intérieur ; néanmoins, elles ne justifient en rien les proportions effrayantes qu'on leur a données pour placer ce beau pays à la tête des contrées les plus malsaines de la terre.

Ces effets du déboisement ne se sont pas seulement fait sentir sur le sol malgache, mais aussi dans les îles voisines, à Maurice et à Bourbon, terres autrefois exemptes des fièvres, alors que des forêts immenses couvraient leur sol ; aujourd'hui que l'exploitation de leurs bois est presque entière, la fièvre est arrivée aussi intense qu'à Madagascar.

A Bourbon et Maurice jusqu'à un certain point, on peut justifier la faute commise par les revenus obtenus dans l'exportation des bois ; mais cette destruction n'a profité à personne à Madagascar où, malgré la défense des lois malgaches, on met le feu à des forêts vierges de plusieurs lieues pour défricher un sol de quelques centaines de mètres carrés.

Produits. — Végétation.

Toutes les ressources indispensables à l'alimentation de l'homme se trouvent à Madagascar.

Citons comme animaux domestiques, le porc noir, le bœuf avec une prédominance sur le cou à la naissance du dos, le mouton, la poule, le canard, l'oie, etc. etc., tous très communs et se vendant à vil prix.

Aussi les navires arrivant sur les côtes peuvent compter sur un approvisionnement facile.

Le sol composé en grande partie de terre riche, presque noire, est d'une très grande fertilité, et autrefois des forêts vierges le couvraient entièrement.

Comme je l'ai dit précédemment les populations, pour se mettre à l'abri des surprises de l'ennemi, ou pour faire des cultures de riz, ont continuellement défriché par le feu ; cette façon énergique de faire place nette, est encore constamment en vigueur et les indigènes anéantissent ainsi des forêts séculaires pleines de bois précieux.

Les principales exportations actuelles de Madagascar sont : le caoutchouc, la cire, les bœufs, les peaux de bœuf, le riz et quelques autres menus produits, mais à part les deux premieres sources d'exportation, le commerce est fort peu développé.

Les deux produits importants que je veux désigner, le caoutchouc et la cire, ont été exploités d'une façon abusive et tendent à diminuer. Le commerce sur place et les échanges étant très difficiles, la concurrence s'est établie chez les traitants et les naturels ont su profiter de la pénurie des produits en élevant leurs prix outre mesure pour les articles d'exportation.

Comme commerce en ce moment, il n'y a rien à gagner à Madagascar avec le gouvernement qui régit le pays, et, sans contredit, nous avons en France beaucoup plus de facilités pour faire fortune.

La seule ressource qui se présente aux émigrants, est la culture de la canne à sucre, venant parfaitement dans ce sol encore neuf et de minime valeur comme achat. Néanmoins, pour arriver à un résultat, il faudra bien du courage, car il est fort difficile de compter sur l'indigène naturellement indolent et qui trouve à vivre presque sans travailler.

Il y aurait dans l'exploitation des mines et des bois, des installations sérieuses à entreprendre si le gouvernement indigène l'autorisait..... Mais comment toucher à ces richesses ?.... c'est là une question de vie ou de mort près du gouvernement Malgache !...

Comme bois, nous remarquons sur le littoral, l'ébénier, le soukin, l'endramena, le Tourmougna, tous bois d'une très grande dureté.

Les plantes arborescentes s'y présentent sous des aspects magnifiques, et les naturels y trouvent en grande partie les matières nécessaires à leurs besoins. Citons le rafia, le bananier, le vacoua, le ravenala, etc., etc.

Ce dernier mérite une mention spéciale à cause du rôle continuel qu'il joue dans la vie du naturel.

La feuille large et filandreuse, coupée en morceaux rectangulaires, sert de plats, assiettes, verres et cuillères. Pour manger ils prennent à chaque main un de ces petits carrés, les plient en leur donnant la forme d'un cornet, et assis autour d'une feuille presque entière où est déposé le riz ou tout autre mets, ils remplissent le cornet de la main gauche pour le reverser ensuite dans celui de droite qu'ils portent à la bouche. Par ce moyen la salive ne peut jamais toucher au plat.

La feuille, coupée ou pliée longitudinalement, suivant la côte, sert de couverture aux cases et donne un abri sain et frais résistant aux rayons du soleil.

La côte, privée de la feuille, embrochée dans des baguettes en bois, forme dans les habitations une cloison assez résistante, fraîche et peu conductrice du son. L'écorce de l'arbre détachée du cœur, étant ouverte et aplatie, sert habituellement aux planchers des cases.

Forêt vierge à Madagascar.

Une espèce de rafia, le vacoua prend aussi une grande place dans l'industrie malgache, les fibres intérieures de cet arbre se détachent facilement dans toute sa longueur en filaments aussi minces que possible et servent à faire des rabannes ou étoffes employées pour les tentures des cases et les vêtements de travail.

Devant une végétation aussi large, il reste à penser qu'on y trouve aussi presque tous les fruits intertropicaux ; le citronnier, l'oranger, le limonier, le pamplemousse, le vangassayer, le mandarinier, le sapotier, le rima, l'avocatier, l'evi, l'atier, le jacquier, l'arbre à pain, le mûrier, ainsi qu'une grande variété de bananiers, se rencontrent à Madagascar, et y sont tous très communs.

On y remarque également le mangoustan, espèce de vigne sauvage et le ravensara dont les feuilles donnent un condiment excellent ressemblant une fois cuit, en goût et en couleur, aux épinards de nos pays.

Le ravansera est pour ainsi dire le seul aliment végétal que l'on puisse se procurer, il est donc nécessaire de faire venir d'Europe les légumes secs et les semences nécessaires à l'alimentation.

La végétation étant très active, il est impossible de faire des semences propres à la reproduction, et ces dernières doivent être continuellement renouvelées du pays d'origine.

A côté de ces fruits presque tous délicieux, les plantes vénéneuses ont également trouvé place; parmi elles, il convient de citer le tanghin, ressemblant à s'y méprendre au franchipanier. Ce poison énergique a depuis près d'un siècle joué un rôle terrible dans les événements politiques de l'île et servi d'instrument de supplice à presque tous les règnes de la tribu Hova; nous aurons du reste l'occasion d'en reparler.

En résumé, la flore de Madagascar est admirable et dans certaines forêts j'y ai rencontré des palmiers atteignant des hauteurs prodigieuses.

La minéralogie est également très variée et fort riche; on y rencontre des mines de plomb argentifère, d'argent, de cuivre, de fer, etc. Ces mines ne sont pas exploitées, sauf le cuivre et le fer dont les indigènes tirent en grande partie les matières nécessaires à la fabrication de leurs armes et à la production de certains ustensiles de travail.

Faune du Pays.

La faune de Madagascar possède plusieurs variétés, qui sont d'autant plus intéressantes que plusieurs lui sont propres.

Citons parmi les quadrumanes : Le lémur ou make au museau allongé, animal doux, inoffensif, s'apprivoisant parfaitement ; on en trouve au moins dix variétés de grosseur ou de pelage ; la plus petite, qui vit dans la feuille du bananier est de la grosseur d'une souris, et la plus grosse le baba-kout atteint une hauteur de 1ᵐ 50.

A propos de cette petite make grosse comme une souris, que les indigènes appellent cidy, il convient de raconter une petite anecdote qui montre combien ces animaux se font vite avec l'homme. J'en avais une qui m'avait été apportée par un de mes travailleurs. Le problème était de loger une si petite bête ? Une boîte de cigare fermée avec des barreaux en fil de fer devint sa prison où je lui donnais sa nourriture habituelle.... des bananes.

Les barreaux étant trop flexibles, elle partit au bout de quelques jours et je la croyais perdue, quand je fus étonné de la revoir un beau matin dans sa cage..... — Croirait-on qu'elle avait forcé à nouveau les fils de fer de sa prison pour y rentrer.... Cette façon d'agir persista longtemps.... Elle sortait.... elle rentrait... suivant son bon plaisir.... et celà dura quelques mois au bout desquels elle finit par disparaître, tuée sans doute par un ennemi quelconque.

Parlons aussi du vounstira, petit carnassier de la grosseur d'un écureuil et dont on trouve plusieurs types. — Au bout de quelques jours le vounstira devient un animal domestique. c'est un ennemi acharné des rats qu'il étrangle pour en sucer le sang.

C'est joli ces petits vounstira ; surtout quand

pour leur faire une tête plus drôle, on leur met des boucles d'oreilles ; on les affublait ainsi dans les cases de Mahanoro et ils n'en étaient pas plus fiers ni moins affectueux pour celà.

Avec quelques hérissons et la grosse chauve-souris noire et jaune qui donne un plat excellent, voilà à peu près les principaux commensaux des bois de Madagascar.

Les reptiles ne sont pas dangereux. On trouve beaucoup de couleuvres et une espèce de boa, bon chasseur de rats, dont j'ai offert un spécimen vivant au muséum de Paris à la suite de mon exploration.

Si Madagascar ne possède pas de reptiles aux dents redoutables, elle a en revanche et en grande quantité, surtout dans les latitudes méridionales, un amphibie très dangereux, le caïman qui atteint parfois une longueur d'environ quatre mètres.

Cet animal est généralement invisible dans le jour, à ce moment il se cache dans la vase ou les roseaux ; mais la nuit, il devient un hôte redoutable, qui, poussé par la faim, arrive parfois jusqu'au milieu des villages. J'en ai vu se faire assommer ainsi à coups de bâton. Le caïman connaît parfaitement les rives où l'indigène a l'habitude d'aller le soir se laver; il sait l'attendre en ces endroits, caché dans la vase, pour se précipiter plus sûrement sur sa proie, la saisir par une extrémité quelconque, la noyer, puis la cacher dans les roseaux où il la dévore à son aise en plusieurs repas.

J'ai cherché bien des fois des naturels qui avaient ainsi disparu.

Le caïman, qui vit surtout de poisson, a généralement goûté la chair humaine dont il est fort friand. Et ceux tués dans mes nombreuses chasses, avaient souvent dans leurs estomacs des cheveux de naturels qui formaient une boule indissoluble au milieu des autres aliments.

Je donnerai le conseil de ne jamais aller se baigner dans les eaux de Madagascar, même dans les étangs formés depuis quelques jours dans les renfoncements des terres, par les pluies abondantes, car il ne faut pas oublier que le caïman voyage la nuit et qu'il peut parfaitement, comme je l'ai vu du reste, s'être logé dans ces lacs intermittents.

Un caïman à terre est gêné dans ses mouvements à cause de sa longueur peu en rapport avec la hauteur de ses pattes ; aussi se manœuvrant difficilement, il devient très peureux sur terre et très lent à marcher ; il est par conséquent fort peu redoutable sur le sol ferme. Dans l'eau, son élément favori, c'est le contraire, il est leste, hardi, et pousse cette hardiesse jusqu'à prendre la main des rameurs ou enlever le museau du bœuf ou de tout autre animal buvant au bord des rivières.

Le caïman, en nageant, laisse passer seulement son museau qui ressemble assez à un morceau de bois flottant et souvent on s'y trompe. — Il faut beaucoup d'adresse pour le tuer car une seule place de sa tête est susceptible à la balle, c'est l'œil, endroit très restreint et par conséquent fort difficile à toucher.

J'avais trouvé un moyen fort simple de détruire les caïmans ; dans la journée, je faisais tuer un bœuf au bord d'un endroit ordinairement fréquenté par eux, je tirais une embarcation pontée le plus possible sur la terre et, aussitôt la nuit, embusqué sur le pont, à plat ventre, le fusil braqué, j'attendais l'arrivée de l'animal. L'attente ne durait jamais plusieurs heures et je pouvais ainsi faire feu presque à bout portant, sans avoir à craindre sa terrible mâchoire dont la longueur atteint parfois un mètre.

Une de mes victimes, un beau sujet, long de 3^m 75, a été offert au musée départemental d'Epinal, puis échangé ensuite au muséum de Paris à la suite d'une délibération du Conseil général des Vosges. — Le caïman de Madagascar est une espèce particulière qui faisait jusqu'alors complètement défaut dans nos musées.

On remarque aussi dans l'île plusieurs variétés de tortues de terre et de marais, cette dernière, de l'espèce des paludines, est d'une grande agilité et atteint jusqu'à cinquante centimètres de longueur.

L'ornithologie est aussi très variée ; les perroquets noirs, les perruches, les pigeons aux diverses couleurs, les cailles, la veuve, le corbigeau, le corbeau à col blanc, le colibris, etc., etc., y abondent.

Le gibier d'eau y est fort bien représenté

et trouve, dans les vastes marais de la côte, un immense espace, favorable à son extension, citons une grande variété de canards, la poule sultane, etc , etc ....

Enfin, les oiseaux de proie comptent environ quatre espèces dont une nocturne.

Les Hovas ont adopté comme emblème de leur tribu le plus fort de ces oiseaux, le vouroun-mahère, représentant la force. — Cet oiseau, dont on a retrouvé des œufs de la grosseur d'un œuf d'autruche, a disparu, et sa présence a cessé d'être constatée depuis des siècles.

Les rivières et les lacs sont poissonneux et servent à l'alimentation des indigènes; citons le mulet, plusieurs variétés d'anguilles, le camaron, la chevrette et la carangue d'eau douce.

La principale pêche des indigènes est des plus simples ; ils ferment toute une rivière avec une grille en bois, présentant un angle aigu au sens du courant; à cet angle se trouve une légère ouverture correspondant à une nasse en osier de 2 à 3^m carrés; le poisson descendant la rivière vient tomber dans ce piège pour alimenter ainsi assez régulièrement le village voisin, souvent propriétaire du barrage. Les Indigènes mangent presque tous les poissons ; néanmoins, l'anguille est rangée parmi les animaux malfaisants. Les naturels fuient devant la personne mangeant l'anguille, n'entrent plus dans sa case et refusent de se servir des récipients où la cuisson s'est faite.

Contrairement au désir que l'on peut avoir de manger des anguilles, on doit y renoncer à Madagascar, afin d'éviter de mettre tous ses serviteurs en révolution.

L'entomologie est presque la même que celle des autres pays tropicaux. L'abeille y était assez commune à l'état sauvage, mais la destruction continuelle des forêts en a sensiblement diminué le nombre. Les insectes venimeux sont représentés par le cent-pieds, le scorpion et une araignée assez rare qui serait, dit-on, dangereuse.

Parmi ces insectes venimeux, dont la piqûre n'est pas mortelle, il convient de parler particulièrement du cent-pieds, en grand nombre dans toutes les cases de la côte. Il voyage surtout la nuit et vient parfois, sans le vouloir, passer sur votre corps ou sur votre figure, vous produisant, par sa température, le mouvement de ses anneaux et de ses pattes, un froid des plus désagréables. Endormi, votre premier mouvement est de porter la main sur l'animal qui, pris de peur au contact des doigts, ne tarde pas à vous mordre.

Cette piqûre est fort douloureuse, et se fait sentir pendant trois jours, accompagnée d'enflure et de fièvre. — Un de mes hommes ayant été piqué à l'oreille, je l'ai cru fou pendant plusieurs heures.

Il convient également de citer plusieurs variétés de fourmis, dont quelques-unes se plaisent dans les cases et deviennent ainsi des hôtes particulièrement désagréables pour les habitants ; puis la chute de quelques nuées de sauterelles dues au voisinage de l'Afrique.

Population. — Administration. — Armée. — Mœurs. — Industrie. — Religion. — Langue.

Madagascar est habitée depuis les temps les plus reculés, et il est complètement impossible de déterminer l'époque de la première occupation de l'île.

On présume qu'une colonie venue d'Afrique, traversant le canal de Mozambique, commença à s'y fixer, puis plus tard une seconde de race malaise venant de l'Archipel indien.

Ces peuples de races différentes ont formé un type spécial, le Malgache ; néanmoins, malgré leur croisement, on trouve encore certains individus de race malaise ou mozambique dans toute leur pureté.

Il convient de diviser la population de Madagascar en deux parties principales : les Betsimisarakes sur la côte Est et à l'Ouest les Sakalaves. Entre ces deux peuples principaux on trouve les Hovas au centre et en descendant vers le Sud en suivant toujours le milieu de l'île, les Betsileos, puis les Bares.

Soldat Betsiléo.

Les deux races principales se divisent elles-mêmes en tribus, savoir :

Du Nord au Sud pour la côte Est :

A Mananzarine, les Antambahouakes ; à Vatoumasine, les Anteimoures ; à Menanare, les Antei-Sakas ; à Saint-Luce, les Antanosses ; à Andrahombé, les Tsihénembalales.

Du Nord au Sud pour la côte Ouest :

Au Nord près du cap d'Ambre, les Antakaras ; au cap Saint-André, les Antibouénis et les Antimilanza ; à TambouHouranou, les Antimarahas ; à Mainteranou, les Antimahilakes ; à Tsimanandrafouzane, les Antimènes ; à Marounbé, les Antifihérénanes ; à Mosikoura, les Mahafales et enfin au cap Sainte-Marie, les Antandrouis.

Ces différentes tribus présentent trois types assez distincts, suivant les croisements plus ou moins prononcés :

Les Hovas, habitant le centre de l'île, ont conservé distinctement le type malais ; leur principale ville est la capitale de Madagascar, Tananarive.

Chez les peuples de l'Ouest, les Sakalaves,

le type africain est plus accentué que dans les autres parties de l'île.

Enfin chez les habitants de la côte Est, les Betsimisarakes, on trouve un mélange de Malais, Africains, Arabes et Européens et l'on voit successivement les types les plus divers, depuis le blanc jusqu'au noir d'ébène.

La tribu des Hovas, qui est arrivée à prendre les rênes du gouvernement et à mettre sous sa domination presque toutes les autres tribus, a joué un rôle tellement important depuis un siècle, qu'elle mérite certainement que l'on s'étende particulièrement sur sa formation.

Les Hovas, arrivés on le suppose les derniers sur la grande île, furent à ce que l'on croit pourchassés par les tribus des côtes et obligés d'aller se fixer sur les plus hauts et peu fertiles plateaux du centre. Ne pouvant comme les indigènes de la côte, s'adonner aux bestiaux et à la culture, ils cherchèrent dans le travail et l'industrie les ressources qui devaient leur manquer en travaillant le sol.

Ces travaux industriels développèrent leur intelligence qu'ils mirent non seulement à profit pour vaincre leurs adversaires, mais aussi pour perfectionner leur fabrication ; ainsi, depuis des siècles, ils savent tirer parti des minerais de fer avec lesquels ils fabriquent différents instruments : sagaie, haches, couteaux ; et ils travaillent également la soie pour les tissus, et l'argent pour la bijouterie.

A force de courage et de ténacité, ils arrivent également, à l'aide de terrassements merveilleux, à faire dans un pays aride et dénudé un sol fertile propre à la culture du riz.

Le pays des Hovas est complètement déboisé depuis une époque fort reculée, on suppose qu'ils en arrivèrent à une pareille extrémité pour se mettre en garde contre leurs ennemis et pour mieux les surveiller.

Les incursions répétées de leurs adversaires les obligèrent aussi à fortifier leurs villages assis généralement au sommet des montagnes. Ces fortifications consistent encore de nos jours en plusieurs rangées de fossés profonds entourés de barrières en bois.

Ces Hovas, qui au commencement de ce

siècle jouaient un rôle fort secondaire, étaient considérés comme une tribu sans importance ; et il fallut un homme intelligent comme un de leurs chefs Andrian-Ampouiëne pour avoir l'idée et la puissance de réunir vers cette époque sous sa domination toutes les autres tribus malgaches.

Après plusieurs conquêtes, il prit le commandement du district d'Emirne dont Tananarive était la ville la plus importante, et fit de cette dernière un quartier général, d'autant plus facile à garder que la position élevée de la ville lui permettait de surveiller sans les craindre les moindres mouvements de ses sujets.

Ses conquêtes ne s'arrêtèrent pas en si bonne voie, et après avoir envahi successivement les tribus voisines, il en fit l'annexion à ses premiers États.

La mort vint le surprendre en 1810 au milieu de ses conquêtes, il avait alors 65 ans. Son fils Radama, guerrier courageux et plein d'aptitudes, lui succéda à dix-huit ans pour continuer l'œuvre que son père avait si brillamment entreprise.

Soutenu par les Anglais, qui, de crainte de voir Madagascar à la France, le poussait dans ses prétentions à la souveraineté de l'île, Radama devint bientôt un roi puissant, réunissant sous sa domination presque tout Madagascar.

Cette puissance des Hovas, pour une cause ou pour une autre, a toujours été maintenue par ses successeurs, malgré les efforts répétés de la France.

Aujourd'hui Tananarive est une ville assez bien bâtie, comprenant avec sa banlieue approximativement, 100,000 individus.

Ses constructions sont généralement en briques séchées au soleil.

Le palais actuel destiné à la Reine, est une grande construction carrée en pierre surmontée de trois étages et flanquée dans ses angles de quatre tourelles carrées. La demeure du premier ministre est dans le même style et se trouve à peu de distance de celle de la Reine.

On remarque aussi parmi les constructions importantes de la ville, la cathédrale des jésuites qui ne serait pas déplacée dans une de nos villes, puis le temple protestant, etc.

La principale place est celle d'Andohalo où se tiennent les kabar ou réunions générales du peuple.

Aux environs de Tananarive, à Ambohyso, on remarque également le tombeau des jésuites qui est un monument sévère surmonté d'un pavillon style Florentin.

Tananarive est assise sur une montagne des plus élevées de l'Ankove, elle est environnée de nombreux monticules parsemés de cases et formant la banlieue de la capitale. Cette banlieue s'étend au Nord et au Sud de cette grande ville, et est posée sur des mamelons placés dans deux plaines immenses arrosées par l'Ikoupa. Ces plaines sont transformées en immenses rizières que des esclaves cultivent, et qui servent à alimenter cette grande cité.

Radama régna de 1810 à 1828, se livrant dans les dernières années de sa vie à divers excès.

Sa première femme, lui succéda sous le nom de Ranavalo-Manjaka à la suite d'un kabar général qui eut lieu le 10 août 1828.

Le règne de Ranavalo fut infâme, les violences et les supplices les plus atroces eurent lieu sous son règne, pendant lequel les personnages les moins redoutables étaient mis à mort sous les prétextes les plus futiles.

Elle mourut à l'âge de 81 ans, le 18 août 1861. Le prince Rakout fut alors appelé à lui succéder sous le nom de Radama II. Ce prince était un homme loyal et généreux avec un caractère faible, peu en rapport avec l'esprit du vieux parti de son prédécesseur et il fut assassiné par ces derniers, le 12 mai 1863, âgé à peine de 35 ans.

A la grande joie des Anglais, la reine Raboude, sa femme, monta sur le trône sous le nom de Rasoaherina; son règne fut de courte durée et elle mourut le 1er avril 1868, âgée d'environ 50 ans.

Sa cousine Ramona lui succéda sous le titre de Ranavalo-Manjaka II ; c'est sous son règne que les lois hovas dont je donne un extrait dans cet ouvrage, furent publiées.

Ranavalo, qui vient de mourir, fut dans toute la durée de son règne une idole, laissant marcher son royaume sous la volonté du premier ministre.

Son avènement fut très favorable aux Anglais, et dès les premiers jours de son règne, elle adopta le protestantisme comme religion d'Etat.

Une de ses cousines a été appelée dernièrement à lui succéder.

Malgré le mélange des races arabe, mozambique et malaise, nous pouvons dire que la résultante a été heureuse. Le malgache est généralement bien bâti, ses membres sont développés, sa taille est grande et son corps est souple. — Il est de plus doué d'une physionomie douce et affable.

Nu dans ses premières années, le malgache porte ensuite des vêtements fort simples ; après avoir passé un morceau de toile entre ses jambes, il le remonte et s'en entoure les reins ; cette pièce du costume s'appelle

Femme Betsimisarake avec son enfant.

seidik. Vient ensuite le simbou, pièce de calicot carrée, de deux mètres de côté avec laquelle il se drape à l'antique pour se donner un peu l'aspect d'un Romain.

Chez les riches, ce simbou en coton se remplace par un autre en soie et beaucoup maintenant se vêtent à l'Européenne.

Les femmes, à l'égal des hommes, sont souvent fort bien faites et je dirai parfois jolies.

Jeune fille, la femme malgache vit généralement dans la débauche la plus complète, et cela souvent depuis l'âge de 8 à 10 ans.

Après quelques années de dépravation, elle finit par contracter un mariage dans lequel sa conduite est presque toujours bonne.

Ce mariage, contrairement à la loi malgache, n'a, généralement, aucune sanction officielle, et il peut se rompre quand bon semble à une des deux parties.

Bien que la polygamie soit interdite dans les nouvelles lois malgaches, un homme a souvent plusieurs femmes, la grande et les petites ; le tout sous le même toit, vivant sans jalousies violentes.

Dans le passage du célibat au mariage, ou dans la rupture de ce dernier, les enfants sont libres de suivre le père ou la mère, et ils sont autorisés à prendre la plus grande indépendance lorsqu'ils peuvent subvenir à leurs besoins. Aussitôt qu'il est père, le Malgache abandonne son nom pour prendre celui de son enfant précédé du titre de père.

La femme malgache aime particulièrement à demeurer avec l'étranger, s'en fait une gloire, et s'attache facilement à lui, pour le servir avec douceur et le préserver contre les embûches qu'on voudrait lui tendre.

Ses vêtements, sauf pour les riches qui ont adopté les costumes européens, consistent à s'entourer les reins avec une pièce d'étoffe dont elle forme une espèce de jupon en la serrant à la ceinture — elle endosse ensuite une camisole étriquée, qui la couvre parfois d'une façon imparfaite, et sur cette camisole appelée canezou elle ajoute souvent un simbou dans lequel elle se drape comme les hommes.

Ainsi qu'une partie des hommes, elle natte ses cheveux, les partageant régulièrement par petits carrés, et les pommadant avec une graisse de bœuf, aromatisée d'une odeur fort désagréable pour les Européens.

Cette coiffure compliquée qui nécessite le secours d'une autre personne, se renouvelle seulement tous les huit jours environ et permet à la vermine de s'y établir souvent.

La femme malgache est fière de sa coiffure, et il faut la mort de la reine ou d'un roi pour qu'elle soit obligée de la couper. — Cette mesure obligatoire et générale pour la mort d'un monarque est moins sévère dans le deuil d'un parent. Ce dernier deuil se porte simplement en laissant les cheveux de toute leur longueur sans les natter.

La femme, à Madagascar, travaille beaucoup plus que l'homme, généralement indolent et paresseux. Elle lui est certainement supérieure comme intelligence ; malgré cela, la femme n'est pas considérée comme son égale et sa mort est exempte de toutes les orgies qui se font dans les cérémonies funèbres.

Plus un mort a de fortune, plus les excès de liqueurs, mangers, chants et danses se prolongent près du corps, car c'est le défunt qui en fait tous les frais.

Les Malgaches ont pour les morts une vénération poussée au plus haut degré ; — suivant les tribus ils mettent les cadavres en terre, où, après les avoir enfermés dans un cercueil façonné avec un tronc d'arbre, ils les exposent en piles, par famille, sous des hangars posés aux environs des villages.

Les nobles et riches Hovas ont des caveaux assez profonds avec tablettes en pierre contre les parois, sur lesquelles ils déposent les corps après les avoir ficelés dans des simbous en soie, le simbou extérieur touchant la dalle est remplacé tous les ans et donne lieu à une fête fidèlement observée.

Les naturels sont tour à tour très sobres et débauchés suivant l'occasion.

Leur nourriture habituelle est le riz cuit à l'eau que les femmes pilent dans des mortiers en bois et du roh composé de gibier, poisson, bœuf ou volaille.

La boisson journalière est formée par l'eau bouillie dans le vase ayant servi à la cuisson du riz ; après avoir eu soin d'y laisser la

Femme Malgache pilant du riz.

croûte formée par ce dernier. Cette croûte étant grillée donne à l'eau une couleur de caramel.

L'hydromel, préparé avec le jus fermenté de la canne, le rhum ou arak, ainsi que plusieurs autres liqueurs exportées d'Europe forment à peu près la totalité de leurs boissons.

Le tabac, qui vient si bien sur le sol de Madagascar, ne fait pas l'objet d'une grande consommation. Le Malgache fume rarement et a seulement l'habitude de se mettre entre la gencive et la lèvre inférieure du tabac en poudre mélangé avec des cendres.

Cette composition, appelée houtchouc, est d'un usage presque général surtout chez les Hovas.

Comme je le disais précédemment, les boissons et denrées sont toujours à fort bas prix, ainsi j'ai vu payer le rhum 0 fr. 30 le litre, une poule 0 fr. 20, une oie 0 fr. 80, un canard 0 fr. 40 et un bœuf 30 fr.... Le vin d'un usage fort restreint et d'exportation française, ne revient pas plus cher que dans le nord de la France, de sorte que la vie est à très bon marché dans ce pays.

La monnaie ayant cours est surtout notre pièce de 5 francs à l'effigie de Louis-Philippe.

Cette pièce nommée piastre dans le pays, coupée en quatre parties égales par deux lignes perpendiculaires passant par le centre, donne le kiroubo ; coupée en douze parties, elle donne le sicazies et enfin en trente-deux, le voamènes.

Toutes ces parties sont coupées d'une façon parfois irrégulière et souvent par fractions infimes ; les Malgaches en apprécient la valeur à l'aide d'un petit trébuchet qu'ils portent constamment avec eux.

Les deux tiers environ de la population est esclave de l'autre à Madagascar,...

L'origine de cet esclavage doit provenir des guerres entre tribus, et ce qui le confirmerait assez c'est que la majeure partie des esclaves se trouvent entre les mains des Hovas qui s'en sont emparés à la suite de leurs conquêtes successives.

Règle générale, tous les sujets de l'île sont sans exception, esclaves du Roi ou de la

Reine, et ils sont astreints aux moindres caprices du pouvoir qui a le droit de vie et de mort sur tous ses sujets.

L'esclave est soumis à tous les ordres de son maître dont il est l'entière propriété et ce dernier a le droit d'exiger le travail le plus excessif et d'infliger les punitions et les tortures violentes.

En général, l'esclave n'est pas malheureux, et souvent on le laisse en liberté à la condition qu'il rapporte une récolte déterminée de riz, ou le salaire qu'il aura gagné dans une exploitation autre que celle du maître.

Le Malgache a un grand amour pour la liberté, et vers l'âge de vingt ans, l'esclave malheureux rompt parfois ses chaînes pour se réfugier au milieu des tribus en dehors du pouvoir des Hovas ; aussi les jeunes esclaves de dix ou douze ans sont plus recherchés que les vieux et se vendent généralement plus cher.

Toute la population de Madagascar est placée sous les mêmes lois politiques qui n'est autre chose qu'une législation s uvage, masquée par un semblant de civilisation.

A la tête du gouvernement se trouve actuellement la Reine, sorte de divinité dont les moindres désirs sont des ordres. Elle a pour mari le premier ministre qui s'occupe seul de la direction du royaume, comme chef suprême.

La direction est divisée en huit ministères, savoir : l'intérieur, les affaires étrangères, la guerre, la justice, les lois, l'industrie, le commerce et l'agriculture, le trésor public et l'instruction publique.

Le ministère de l'intérieur dirigé par le premier ministre est chargé :

1° De la direction de la police, du soin de veiller à la tranquillité publique, de rechercher et d'arrêter les fauteurs de désordres, etc.

2° De l'état-civil, enregistrement des naissances, mariages et décès.

3° Du reboisement et de la conservation des forêts.

4° De l'entretien des rivières et voies publiques.

5° D'être l'intermédiaire entre la Reine et le peuple.

6° De la police politique.

7° Des prisons.

8° De l'impôt et de son recouvrement.

9° Des poids et mesures.

10° De veiller à l'exécution des lois sur l'usure.

11° Des ventes et achats des terres, enregistrement des actes.

12° De la santé publique.

Les autres ministères ont des attributions beaucoup plus restreintes, et qui ne sont en quelque sorte que la répartition de celles ci-dessus.

Le ministère des affaires étrangères s'occupe :

1° De régler les affaires entre les naturels et les étrangers, de communiquer avec les étrangers

2° De veiller à l'exécution des traités convenus avec les nations étrangères.

Le ministre de la guerre a pour fonctions :

1° D'organiser l'armée.

2° De donner des grades.

3° De récompenser les soldats, gradés et officiers.

4° De lever les hommes, de les congédier et de les mettre à la retraite.

5° De convoquer les troupes en cas de guerre.

6° De renvoyer de garnison les officiers et soldats.

7° De donner l'instruction à l'armée.

Le ministère de la justice veille :

1° A l'étude du droit.

2° A faire rendre la justice suivant les droits de chacun.

3° A faire terminer les procès rapidement afin de ne porter aucun préjudice aux parties.

Le ministère de la proclamation des lois travaille à :

1° Promulguer les lois en général.

2° Confectionner les lois pour les ministères.

Le ministre de l'industrie, du commerce et de l'agriculture est chargé :

1° D'améliorer l'agriculture, et d'établir des concours annuels avec récompenses pour les meilleurs producteurs.

2° De l'élevage des animaux pour le travail et la boucherie, et d'établir des concours annuels avec récompenses pour les meilleurs éleveurs.

3° De développer la culture des terres incultes.

4° De développer le commerce intérieur et d'exportation.

5° D'encourager les inventeurs et de développer leurs travaux.

Le ministre du Trésor public est chargé de recevoir, garder et verser l'argent du Trésor public.

Le ministre de l'instruction publique s'occupe :

1° Du développement de l'instruction et de l'organisation des écoles.

2° De la surveillance et de l'inspection des écoles de tout le royaume, sans exception, et de distribuer des diplômes officiels.

Enfin, tous les Officiers du Gouvernement forment un Conseil d'Etat.

Ces attributions, qui ont été copiées sur un code Européen, sont loin d'être en exécution sur la terre malgache, ainsi je dirai d'une manière générale que l'état civil n'existe pas, que l'entretien des routes et des canaux est inutile puisque ces voies de communication font absolument défaut, que l'agriculture et les inventeurs sont complètement négligés et que l'on ignore à Tananarive, la signification du mot concours.

Un Gouverneur choisi parmi les Officiers est mis à la tête des villes. Chaque village est administré par un chef électif ou héréditaire suivant les cas, cet espèce de maire gouverne, aidé de plusieurs conseils, mais ses fonctions se réduisent à peu de choses, et son autorité est presque nulle, car il est sous la surveillance directe du gouverneur Hovas placé dans la ville proche de sa commune et il doit rendre compte de toute sa gestion à ce dernier.

Ces attributions des ministres sont mises en vigueur à l'aide des lois, dont quelques-unes sont assez singulières ; elles intéresseront, je pense, le lecteur, aussi je me permets de lui en donner quelques extraits.

Les principales lois malgaches rarement mises en exécution, il est vrai, pour beaucoup d'entre elles, sont divisées en quatorze parties principales, savoir :

1° Esclavage.

Pour les ventes ou achats d'esclaves, l'acquéreur et le vendeur doivent en faire la déclaration pour l'enregistrer sur les livres de l'Etat; dans le cas contraire, le marché est considéré comme nul.

Un esclave libéré par son maître ou par lui-même, peut adopter son maître ou ses descendants comme héritiers et il doit faire enregistrer sa libération et son acte de donation moyennant un droit à payer par l'esclave et par le libérateur.

2° Mariages.

Les mariages ne peuvent être obligatoires contre la volonté des partis, mais avec leur plein gré, il en est de même entre le beau-frère et la veuve du frère décédé.

Serait considéré comme irrégulier, tout mariage non inscrit à l'état civil.

Dans les trois grandes classes de noblesse, les mariages doivent, autant que possible, être contractés entre gens de même grade; si contrairement à cette loi, des mariages étaient contractés par exception, la femme pourrait après la mort du mari, revenir à la classe à laquelle elle appartenait.

Si une marquise se marie avec un comte, elle devient et reste comtesse à partir de cette loi, néanmoins, pour les mariages antérieurs à la présente, la femme peut avec ses enfants, après la mort de son mari, retourner à la classe à laquelle elle appartenait avant son union.

Un membre de la dernière noblesse ne peut contracter un mariage qu'avec des femmes de sa classe. Dans le cas ou des mariages auraient été contractés dans d'autres conditions avant la présente loi, la femme pourra retourner à sa classe avec ses enfants, après le décès de son mari.

3° Mesures.

Les mesures de capacité et de dimensions sont données par le Gouvernement.

La mesure de longueur est divisée en 7 pieds, et tout vendeur et tout acheteur qui s'en sert habituellement, doit demander au Gouvernement la mesure déterminée par lui.

L'horloge du Palais de la Reine donne l'heure et le méridien accepté par le Gouvernement.

4° Baux et achats de terrains.

Les terres malgaches ne peuvent être vendues ni données aux étrangers.

Tout acte de bail doit être soumis au Gouvernement et enregistré par lui.

Après le bail, les constructions et récoltes ne peuvent être enlevées ainsi que les objets scellés.

A l'expiration du bail, le renouvellement demande les mêmes formalités qu'aux débuts de son premier établissement.

Le Gouvernement prélève un droit de 5 0/0 sur le montant des locations.

5° Baux de maisons.

Les parties doivent faire enregistrer tout bail, et le Gouvernement prélève un droit de 12 1/2 0/0.

Tout contrevenant aux lois du gouvernement pendant la durée d'un bail est déchu complètement de ses droits au bail, alors même que celui-ci ne serait pas terminé.

Une maison étant incendiée pendant la durée d'un bail, le locataire doit continuer à payer comme si la propriété continuait à exister.

Le propriétaire, à moins de stipulations contraires, est tenu de faire dans sa maison toutes les réparations nécessaires, et dans le cas où le propriétaire s'y refuserait, le locataire peut les exécuter, en en prélevant le montant sur l'argent de son loyer.

6° Le Peuple

Les hommes libres ne pourront plus être mis en esclavage.

Les enfants doivent vêtir et nourrir leurs parents père et mère, incapables de gagner leur existence ; cette loi est réciproque entre les parents et les enfants.

Tout indigent décédé, étranger ou non, doit être inhumé au lieu de son décès par les soins de la communauté.

Doit être rendu à son propriétaire tout esclave qui se dirait homme libre.

Les chefs des fiefs ne peuvent dissiper les biens du peuple, autrement ils perdraient le bénéfice de leurs privilèges.

Les fiefs ne doivent être donnés en garantie ni vendus, et leurs chefs ne peuvent exiger de l'argent du peuple, ni adopter des enfants sans l'autorisation du gouvernement.

Les parents d'un chef de fief, mort, ne pourront exiger des chefs de dix villages aucune somme sans que le gouvernement en ait déterminé le montant.

7° Propriété.

A moins que tous les héritiers soient d'accord, le terrain sur lequel se trouve un tombeau de famille, ne peut être vendu.

8° Condamnés.

Les condamnés à l'emprisonnement doivent recevoir leur nourriture par les parents et amis ; s'ils n'ont ni parents ni amis, le gouvernement doit y pourvoir.

Les condamnés doivent être mis en liberté à l'expiration de leur peine.

Le gardien d'un condamné évadé prend

ses lieu et place jusqu'à ce que l'échappé soit repris.

Tout détenu ne peut être dépouillé de ses vêtements, et il ne doit pas être blessé par les fers qui le retienne.

9° Lois diverses.

Toute personne attaquée a le droit de défendre sa vie sans être responsable de la vie de son agresseur.

Les parents, pour tous cas graves, pourront lier et corriger leurs enfants, après en avoir donné connaissance à l'autorité.

L'âge de raison est fixé à 10 ans et les enfants ne sont pas susceptibles de l'application des lois avant ce temps.

10° Argent.

Les pièces à l'effigie de Louis XVIII, les piastres espagnoles, mexicaines, ont la même valeur et ne peuvent être prises pour une valeur moindre que ce qu'elles représentent, même si l'exergue, au lieu d'être en relief, est gravé en creux.

11° Police.

La police devra, à l'aide de ses agents, arrêter les vagabonds, les voleurs, leurs chefs, les propriétaires des maisons où seraient reçus les voleurs, les malfaiteurs ou les individus soupçonnés comme tels, les perturbateurs, les porteurs d'objets perdus ou volés.

Les agents devront faire des sommations pour disperser les attroupements, et arrêteront ceux qui ne tiendraient pas compte des sommations.

Toute personne ouvertement hostile au gouvernement peut être arrêtée par les soldats.

12° Médicaments.

Pour vendre des médicaments, il faut une licence, acquise après des examens comportant diverses questions sur les noms des substances, leur composition, poids et mesure.

Le gouvernement se réserve le droit de

faire visiter les médicaments mis en vente à toute heure de la nuit ou du jour, et il est défendu de remettre du poison à toute personne sans l'ordonnance d'un médecin.

13° Jugements.

Les juges ne peuvent rendre un jugement sans entendre les parties dans les locaux affectés à cet effet.

Pour intenter une action relative à la revendication des biens, une déclaration devra être faite avant que le procès puisse être entamé.

Les juges peuvent s'adjoindre des assesseurs, mais eux seuls peuvent appliquer la loi.

Les mandats d'arrêt sont remis à la personne intéressée, et en cas d'absence aux personnes habitant la maison. Dans le cas où la maison est déserte, le mandat est laissé à la porte, et les habitants de la ville ont la charge de faire saisir, aussitôt son retour, la personne appréhendée par la police.

Les juges ont la faculté d'entendre pour les affaires présentées devant eux, les personnes quelconques qui pourraient les éclairer.

Enfin les assignations à comparaître devant la justice doivent être écrites avec la Sagaïe d'argent ou main de justice.

14° Instruction.

Pour construire ou établir une école, le maître doit faire une déclaration au ministre de l'instruction publique.

Les enfants de 8 ans et au-dessus, soit garçons ou filles, doivent tous fréquenter l'école jusqu'à l'âge de 16 ans inclusivement à moins qu'avant cette limite ils aient acquis une instruction jugée suffisante.

L'instruction n'est pas obligatoire pour les esclaves, qui peuvent malgré cela suivre les cours avec l'autorisation de leurs maîtres.

Le gouvernement institue des examens pour nommer les instituteurs, qui ne peuvent cesser leurs fonctions sans l'autorisation du gouvernement.

Procédure.

La procédure de Madagascar est aussi simple qu'énergique. La confiscation des biens, les fers et la mort sont presque toujours les résultats des délits.

Les Malgaches sont généralement voleurs, surtout pour de petites sommes, et toujours menteurs. Ils avouent difficilement, aussi lorsque l'accusation présente du doute on a recours parfois aux tortures violentes.

La confiscation des biens et les amendes excitent particulièrement les appétits du gouvernement et l'ordre de confiscation, signé de la Reine, était autrefois presque continuellement accompagné par l'administration du tanghin.

Le tanghin est le poison officiel, il décide la culpabilité du patient ; car s'il en réchappe son innocence est prouvée, s'il en meurt, sa culpabilité est certaine. — Il est facile à comprendre que suivant la dose plus ou moins forte, l'officier qui l'administre peut laisser survivre la victime ou la faire mourir.

Le patient, avant de boire la liqueur mortelle, doit remercier la Reine d'avoir bien voulu penser à lui, et la saluer.

La mise aux fers consiste à charger le con-

Condamnés aux fers.

damné, pendant un temps déterminé ou même toute sa vie, d'anneaux en fer rond d'environ 30 millimètres de diamètre, soudés autour du cou et des pieds ; ou bien encore, ce qui est plus terrible, de relier ces anneaux par des chaînes ou des fers droits, articulés, souvent trop courts pour permettre au condamné de se redresser.

Cette obligation de marcher constamment courbé est terrible, et les prisonniers ne peuvent pas y résister longtemps. — Les condamnés ont parfois des fers pesant en totalité quarante kilogrammes, et on les voit mendier ainsi leur existence, se traînant péniblement à travers les villes sous la surveillance d'un soldat Hovas.

Après avoir jeté un coup d'œil sur les lois Malgaches, je crois qu'il serait intéressant également de m'étendre sur la procédure criminelle, qui est, comme on pourra le voir, fort élastique et d'en donner également un extrait.

Sont condamnés à mort avec la confiscation de leurs biens :

1° Ceux qui préparent du poison pour donner la mort à la Reine.

2° Les perturbateurs excitant le peuple à la révolte.

3° Les insurgés et rebelles ou ceux qui provoquent et encouragent ces derniers.

4° Ceux qui calomnient le Gouvernement.

5° Tout homme ayant l'intention de tuer pour provoquer une révolte.

6° Ceux qui violent le Palais du Gouvernement.

7° Ceux qui fabriquent des poignards pour les révoltes.

8° Ceux qui s'enrôlent parmi les révoltés après avoir reçu une somme d'argent.

9° Les hommes coupables d'homicide volontaire.

10° Ceux qui frappent avec l'intention de donner la mort, alors même que le coup ne donnerait pas la mort.

11° Ceux qui se laissent soudoyer et ceux qui soudoient pour commettre un meurtre.

Sont condamnés aux fers à perpétuité :

1° Ceux qui n'auront pas dénoncé les actes d'un criminel après en avoir eu connaissance, alors même que le criminel serait leur père ou leur mari.

2° Ceux qui introduiront dans le pays des étrangers pour les vendre comme esclaves.

3° Ceux qui prendraient les femmes des hommes partis en guerre ou qui périraient en guerre. Les femmes subiraient la même peine.

4° Ceux qui vendraient des terres aux étrangers.

5° Ceux qui sortiraient des endroits désignés pour leur exil.

6° Les chefs qui auraient ameuté la foule contre des criminels et par suite provoqué la mort de ces derniers.

Sont condamnés à 20 ans de fers :

1° Ceux qui fouillent les mines de charbon de terre, etc.

2° Ceux qui frappent de la monnaie.

3° Ceux qui s'occupent de la fabrication de poisons.

4° Les coupables de rapt de toute personne.

5° Ceux qui contrefont les sceaux de l'Etat.

6° Ceux qui font un bail secrètement sans le faire enregistrer.

7° Ceux qui donnent à bail ou vendent des terres appartenant au Gouvernement.

Sont condamnés à 10 ans de fers :

1° Les coupables d'un vol commis dans l'enceinte du Palais-Royal.

2° Les contrefacteurs de signatures.

3° Les incendiaires de maisons et forêts.

4° Les individus coupables de violation de tombeaux.

5° Ceux coupables de vols avec effraction.

6° Ceux coupables de réunion de nuit ayant pour effet de troubler la paix publique.

7° Ceux qui feraient sans autorisation du Gouvernement, des provisions de poudre ainsi que toute vente et achat de matières explosibles.

Sont condamnés à 7 ans de fers :

1° Ceux coupables de vols commis dans les édifices religieux.

Sont condamnés à 5 ans de fers :

1° Ceux qui manquent de respect à la Reine. — Ils sont en outre punis d'une amende de 20 piastres pour le Gouvernement et de 30 piastres pour la Reine.

2° Ceux qui défrichent des forêts ou empiètent sur leur bordure pour leurs plantations.

3° Les juges qui condamneraient les accusés à la prison par abus de pouvoir ou sachant qu'ils ne sont pas coupables.

Sont condamnés à deux ans de fers :

1° Ceux qui détourneraient les droits régaliens et d'aubaine revenant à la Reine, c'est-à-dire la dîme sur les récoltes de riz.

2° Ceux qui détourneraient les biens des décédés sans héritiers ainsi que la cuisse de chaque bœuf tué, morceau appartenant à la Reine.

3° Ceux qui détourneraient les droits d'allégeance payés à la Reine.

4° Les porteurs de marchandises, engagés pour une destination quelconque et qui auraient perdu les marchandises confiées.

5° Ceux qui posséderaient avec l'intention d'en faire usage, et ceux qui feraient usage de fausse monnaie. (A défaut de paiement de l'amende, la peine est portée à quatre ans de fers.)

6° Les juges qui acquitteraient des coupables ou ne leur appliqueraient la loi qu'en partie de façon à diminuer leur peine.

Sont condamnés à un an de fers :

1° Les individus coupables de vol de riz dans un champ non récolté, avec la peine doublée à défaut de remboursement.

2° Ceux coupables de vol commis dans un bazar, au-dessus de 50 centièmes ; au-dessous la peine est réduite à trois mois de fers.

3° Ceux qui frappent avec les fers sans donner la mort.

4° Ceux qui achèteraient des marchandises à autrui sans les payer, et à défaut de restitution la peine serait augmentée de deux années.

5° Ceux qui frapperaient un ministre ou se livreraient à des violences sur ses envoyés.

Sont condamnés à six mois de fers :

1° Ceux qui couperaient des toiles avec l'intention d'en voler.

Condamnations diverses avec contrainte par corps.

1° Amende de cinq bœufs et cinq piastres,

pour celui qui aura eu connaissance d'un vol sans en prévenir l'autorité.

2° Un bœuf et une piastre pour vol de pirogue sans préjudice du remboursement à effectuer dans les proportions suivantes :

Trois piastres pour une petite, cinq piastres pour une moyenne et huit piastres pour une grande.

3° Un bœuf et une piastre pour vol de bœuf, avec remboursement de trois piastres pour une vache, cinq piastres pour un bœuf hongre et huit piastres pour un bœuf engraissé.

4° Quinze jours de prison, les voleurs d'animaux domestiques, tels que moutons, cabris, porcs, chats et chiens.

5° Huit jours de prison, les voleurs de dindes, oies, canards et poules.

6° Huit jours de prison, tout vol de légumes ; n'est pas considéré comme vol, la prise de légumes mangés sur place.

7° Dix bœufs et dix piastres, l'acquisition d'un esclave dans le but de le revendre, cela afin d'éviter la spéculation sur les êtres humains.

8° Dix bœufs et dix piastres, quiconque aurait plusieurs femmes, la bigamie étant défendue dans le royaume.

9° Cinquante piastres, celui qui vivrait avec une fille sans être marié.

10° Cinquante piastres, les époux qui se sépareraient sans autorisation de l'autorité.

11° Cent piastres, celui qui épouserait la femme d'autrui, (et la femme est remise au premier mari.)

12° Huit mois de prison pour l'homme et quatre mois pour la femme, dans le cas ou par fraude et mensonge on a déclaré faire partie d'une classe à laquelle on n'appartient pas.

13° Un bœuf et une piastre aux personnes saines qui auraient des communications avec des lépreux et qui ne dénonceraient pas ces derniers pour être mis à l'endroit qui leur est réservé.

L'amende est portée à cinq bœufs pour les varioleux.

14° Trois bœufs et trois piastres, celui qui vendrait la viande d'une bête malade pour la consommation.

15° Un bœuf et une piastre, celui qui tuerait une vache destinée à la vente ou qui maltraiterait un animal destiné à la boucherie.

16° Trois bœufs et trois piastres, celui qui tuera des bœufs la nuit.

17° Cinq bœufs et cinq piastres, ceux qui ne se serviraient pas des poids et mesures adoptés par le gouvernement; ceux qui fabriqueraient des balances inexactes, des poids faux ; ceux qui voleraient sur le poids.

18° Cinq bœufs et cinq piastres, ceux qui obstrueraient une ruelle ; ceux qui empiéteraient, réduiraient ou détourneraient un chemin.

19° Un bœuf et d'une piastre, pour tout changement ou modification à une ruelle sans l'approbation du gouvernement.

20° Trois bœufs et trois piastres, ceux qui feraient du feu dans les forêts ou à proximité.

21° Un bœuf et une piastre pour chaque gros arbre abattu dans une forêt.

22° Dix bœufs et dix piastres, celui qui construirait une maison dans une forêt.

23° Dix bœufs et dix piastres, celui qui défricherait une forêt au bord de la mer sans l'autorisation du gouvernement.

24° Un bœuf et une piastre, l'omission de faire inscrire toute mort, naissance, au registre d'état civil.

25° Dix bœufs et dix piastres, tout homme qui déclarerait un esclave, homme libre.

26° Ceux qui ne se présenteraient pas à l'appel du gouvernement auraient les amendes suivantes : un noble perdrait ses privilèges, un chef subirait une amende de cinq bœufs et cinq piastres et un bourgeois d'un bœuf et d'une piastre.

27° Dix bœufs et dix piastres, celui qui lèverait des bourgeois comme soldats sans autorisation de la Reine.

28° Un mois d'emprisonnement à tout officier chargé d'une mission par le gouvernement et qui négligerait en recevant de l'argent de remplir sa mission.

29° Trois mois de prison, à tous les notables noirs ou blancs qui s'empareraient du bien d'autrui par force ou qui se feraient verser de l'argent par intimidation.

30° Dix bœufs et dix piastres, ceux qui emploieraient des moyens contraires à la bonne foi pour acheter des biens.

31° Trois piastres, payés à la Reine par les propriétaires, pour tout incendie détruisant cinq maisons, plus un bœuf donné par le propriétaire de la première maison incendiée, et cela à titre d'expiation

32° Un bœuf et une piastre, ceux qui trompent sur la composition d'une étoffe vendue.

33° Un bœuf et une piastre, les gardiens qui ne veillent pas aux prisonniers, afin que ces derniers reçoivent régulièrement leur nourriture et qu'ils soient mis en liberté aussitôt l'expiration de leur peine.

34° Cinq bœufs et cinq piastres, celui qui donne la liberté à un prisonnier avant l'expiration de sa peine; de plus il prend le lieu et place du condamné pour terminer sa condamnation.

35° Dix bœufs et dix piastres, le gardien qui laisserait échapper un prisonnier avant son jugement.

36° Dix bœufs et dix piastres, celui qui cacherait un accusé, ainsi que celui qui s'opposerait à l'arrestation d'un accusé.

37° Un bœuf et une piastre, celui qui dépouillerait un prisonnier de ses vêtements, ou qui l'aurait blessé par la pose des fers.

38° Dix bœufs et dix piastres, celui qui répand des faux bruits sur les actes du gouvernement.

39° Un mois de prison, celui qui ferait au gouvernement de faux rapports sur le peuple.

40° Cent piastres, plus vingt piastres de dommages-intérêts pour celui qui écrirait ou ferait imprimer des lettres, livres ou journaux médisant du gouvernement.

41° Trois mois de prison, à celui qui écrirait des immoralités et publierait des gravures obscènes.

42° Dix bœufs et dix piastres, toute réunion et protestation contre les actes du gouvernement, ainsi que toute diffamation.

43° Trois mois de prison, à quiconque souillerait les sources ou ruisseaux servant à alimenter la population.

44° Un bœuf et une piastre, à quiconque fera courir les animaux attelés ou montés.

45° Huit jours de prison, les porteurs de filanjana qui, en courant, occasionneraient un accident à leur voyageur.

46° Un mois de prison, tout porteur de filanjana ou de marchandises, engagé pour une destination quelconque, et qui, sans être empêché par la maladie, n'arriverait pas à destination, suivant les termes de son engagement.

47° Dix bœufs et dix piastres, celui qui posséderait un acte faux sans le dénoncer aux autorités, et celui qui ne remettrait pas à la requête du gouvernement tout acte de propriété ou d'engagement quelconque.

48° Dix bœufs et dix piastres, l'interprète qui modifierait l'interprétation avec intention, et celui qui violerait le secret des correspondances.

49° Un bœuf et une piastre, celui qui prendrait une monnaie acceptée par le gouvernement pour une valeur moindre que celle qu'elle représente.

50° Cinq bœufs et cinq piastres, celui qui prêterait à un intérêt plus élevé que deux piastres pour 0[0 et par mois.

51° Cinq bœufs et cinq piastres, le chef qui aurait ameuté la foule contre un criminel sans que mort s'ensuive.

52° Dix bœufs et dix piastres, et à défaut de paiement à un an de fer, tout agent de police qui, pour une raison quelconque, n'arrêterait pas tout transgresseur des lois.

53° Cinq bœufs et cinq piastres, celui qui vendrait des drogues, ou qui conserverait du poison sans l'autorisation du gouvernement.

54° Dix bœufs et dix piastres, celui qui vendrait du poison sans prendre le nom et l'adresse de l'acheteur.

55° Cent piastres, celui qui cultiverait à Madagascar le pavot dont on fait l'opium.

56° Cent piastres, les ministres qui ne tiendraient pas régulièrement, avec propreté, sans tâches ni maculatures d'encre, les livres ayant rapport à leur ministère, ceux qui ne rempliraient pas exactement les prescriptions des lois, ceux qui recevraient, d'une personne intéressée, des honoraires en sus de leurs appointements, et ceux qui se serviraient des sceaux de l'Etat sur des pièces en dehors des affaires du gouvernement.

57° Dix bœufs et dix piastres, ceux qui, pour extorquer le bien d'autrui, se prétendraient mensongèrement ministres.

58° Cent piastres, les juges qui reçoivent des pièces des procès ou qui rendent leurs jugements en dehors des locaux affectés à ce sujet, ainsi que les intéressés qui chercheraient à voir le juge secrètement.

59° Cinq bœufs et cinq piastres, le juge qui aurait laissé franchir la barre à des personnes non autorisées et cela par chaque personne ; seuls les parents et amis des parties jusqu'à concurrence de cinq pour chacune d'elle, ont le droit de se tenir sur l'estrade.

60° Dix bœufs et dix piastres, le juge qui aurait omis d'établir sur un livre toute action intentée et de faire poser le sceau de l'Etat sur l'acte.

61° Cent piastres, le juge qui changerait dans son jugement ce qui aurait été dit par les parties.

62° Trois bœufs et trois piastres, le juge qui entendrait après la remise d'un acte, de nouvelles dépositions, ainsi que celui qui ne remettrait pas copie de tout jugement à chacune des parties.

63° Dix jours de prison, le juge qui fera connaître son prononcé avant le jugement.

64° Dix bœufs et dix piastres, les juges qui changeraient les réponses faites dans les interrogations et qui, par des détours, prolongeraient le prononcé du jugement.

65° Un mois de prison, l'enfant qui engagerait les biens de ses parents.

66° Une piastre, les parents de l'enfant qui quitterait sans motif l'école avant l'âge de 16 ans révolus.

67° Cinq piastres, les instituteurs négligeant leur devoir, ou qui auraient une mauvaise conduite.

68° Trois piastres les instituteurs qui chercheraient à enlever des élèves à une autre école.

Place d'Andohalo où se tiennent les Kabars.

69° Dix bœufs et dix piastres, ceux qui fabriqueraient ou vendraient du rhum dans le rayon de Tananarive. Quiconque se serait enivré avec du rhum dans les limites ci-dessus, subirait une amende de sept bœufs et sept piastres.

70° Cinq bœufs et cinq piastres les porteurs qui feraient entrer du rhum dans les limites de Tananarive.

Les affaires importantes du Gouvernement se traitent par les Kabars ou assemblées générales du peuple.

Ces réunions sous la surveillance et la présidence des principaux chefs sont parfois secrètes.

C'est dans un Kabar que l'on décide la paix ou la guerre.

L'armée malgache se compose actuellement d'une vingtaine de mille hommes sans discipline, et armés irrégulièrement. En rase campagne, elle ne peut faire la moindre résistance devant une armée Européenne.

Lorsque la guerre est décidée, tous les hommes valides doivent prendre les armes, se joindre à l'armée régulière et former une agglomération sans ordre armée de fusils, haches, sagaies.

Depuis quelques années l'armée malgache possède quelques armes de précision, mais en résumé l'art de la guerre est chez eux dans la plus grande enfance. L'armée est du reste exempte d'uniformes, et si quelques officiers en possèdent, ils ont pour origine toutes les nations.

Un officier habillé avec une tunique anglaise a quelquefois sur la tête une coiffure française ou prussienne.

Cette bigarrure est fort grotesque et on a peine à retenir son rire devant une pareille organisation.

Le service des vivres est complètement oublié.

Avant de commencer la campagne, le soldat prend sur lui une provision de riz aussi grande que possible, et une fois ses provisions mangées il vit forcément de pillage et de rapine. C'est alors une débandade complète, qui dure jusqu'à la fin de la guerre, après laquelle il revient où il habitait auparavant.

Officier indigène.

La sagaïe, qui est l'arme primitive, est formée d'une lance en fer emmanchée sur un bois rond de vingt millimètres de diamètre et se terminant par une douille tranchante en fer. Cette douille sert à planter perpendiculairement l'arme en terre lorsque le soldat est au repos.

Le Malgache manie cette arme en la projetant avec une adresse incroyable, à tel point qu'il en fait parfois une arme de chasse.

Si le naturel de Madagascar n'est pas un guerrier très à craindre, il convient également de dire qu'il est, en temps de paix, toujours bon et généreux pour les étrangers, et on est frappé de l'accueil qu'il vous fait lorsque vous arrivez chez lui.

Lors de mon exploration sur la côte Est, en arrivant dans un village, je descendais dans la case la plus propre, sans m'occuper du propriétaire à qui je savais faire un grand honneur.

Mon hôte, après m'avoir souhaité la bienvenue, commençait par enlever son mobilier, remplaçait les nattes, et mettait ses vivres à ma disposition ; tout cela pour un petit morceau d'argent que j'offrais à mon départ.

Le Malgache aime beaucoup à recevoir, et demande toujours des cadeaux, c'est là son mot.

Sur les côtes, les cases sont construites avec des pailles de Ravenala liées sur une carcasse de bois amarrée elle-même, purement et simplement avec des lianes. Dans un des angles se trouve le foyer surmonté de tablettes en petits bois ronds où le Malgache fait boucaner le poisson et la viande.

Les ustensiles de cuisine se composent : d'une marmite en fonte, de pots en terre noire, de cuillers en bois, et de gobelets en corne.

L'eau se renferme dans un long bambou fermé à une extrémité et dont les cloisons intérieures sont supprimées.

Ces cases sont privées de fermetures sérieuses, et le Malgache en défend l'entrée en son absence par un signe observé religieusement, et qui consiste à planter un bâton en face de la porte de la modeste habitation.

Le naturel emploie également cette marque

pour préserver du vol, un objet quelconque qu'il serait forcé d'abandonner momentanément, une pirogue, une caisse, etc., etc.

Comme j'ai eu l'occasion de le dire, les transports de marchandises se font à dos d'hommes; il en est de même pour les voyageurs qui sont transportés au moyen d'une chaise à porteur primitive appelée filanjana; ce filanjana est composé d'une chaise en fer garnie d'étoffe, supportée entre deux brancards reliés entre eux par des entretoises en petit fer rond.

Le transport se fait en courant au petit trot, avec un homme à l'extrémité de chaque brancard, huit hommes habituellement suivent le cortège et remplacent au fur et à mesure, suivant la fatigue, les quatre premiers sans en modérer la marche.

On peut faire ainsi dix lieues par jour à travers des sentiers impraticables.

La colonne est conduite par un chef, et à la suite des porteurs vient le service des bagages, qui est parfois fort important. Un blanc, qui se respecte, a toujours au moins vingt-cinq hommes à ce service.

Lorsque les sentiers débouchent sur une rivière ou un marais, on les traverse avec les pirogues de la Reine. Ces pirogues comme toutes celles de Madagascar, sont creusées dans un tronc d'arbre, à l'aide de la hache ; la Reine en a fait mettre une avec un batelier à chaque passage, pour le service des voyageurs.

Les Malgaches aiment beaucoup à porter les Européens, et pour une somme insignifiante, ils se déplacent fort contents, quelle que soit la longueur du voyage.

Le naturel apprécie les distances sans mesures régulières, approximativement; pour lui un endroit est loin ou près sans désigner un intermédiaire.

Il connaît l'emplacement d'après le soleil, et désigne parfaitement les différentes orientations du compas.

Pour lui, le jour est divisé en plusieurs parties : l'arrivée du jour, la croissance du jour, le plein du jour, le départ du jour, la nuit et la grande nuit.

La semaine se compose de sept jours, mais il est très rare qu'il en observe le dimanche,

Forge indigène.

chacun prenant son repos comme il l'entend, et quand bon lui semble.

Enfin le mois se compose d'une révolution lunaire, et l'année de douze révolutions, de sorte que le commencement et la fin d'une année n'a aucune époque fixe.

Le Malgache ne connaît pas exactement son âge, et pour le désigner il se reporte à des événements importants. — Lorsqu'on lui demande son âge, il vous répond souvent ainsi : Quand les Français ont bombardé tel endroit, j'étais grand comme ceci ou comme cela.

L'industrie est fort en retard à Madagascar, surtout dans certaines parties de l'île ; ainsi, les naturels des côtes n'ont pas d'industrie proprement dite, si on en excepte pourtant la confection des rabannes en rafia, et des nattes.

Ces rabannes sont tissés sur des métiers en bois tout à fait primitifs et leur longueur n'excède guère quatre à cinq mètres, suivant que l'arbre est plus ou moins grand.

Il conviendrait également de parler de leurs pirogues creusées dans un seul tronc d'arbre avec la hache, puis ouvertes au feu, et de leurs bateaux, formés de planches cousues avec des lianes. Ces bateaux cousus supportent fort bien la mer et les naturels s'en servent pour le chargement et déchargement des navires au mouillage.

L'agriculture est aussi pauvre que leur industrie. Ils cultivent juste pour vivre et avoir un excédent de quelques sacs qu'ils vendent pour acheter leurs vêtements, l'arak et le sel.

Le Malgache a souvent peur de posséder, car avec son gouvernement avide, les biens deviennent habituellement une source d'ennuis et non de repos.

Ceux qui possèdent, ont presque toujours leur fortune en troupeaux de bœufs. La nourriture de ces derniers ne coûte rien. Ils les laissent en liberté errer dans les bois et les prairies après les avoir marqués aux oreilles d'une façon spéciale à chaque propriétaire.

Ces troupeaux à l'état sauvage produisent et s'augmentent constamment, et le seul ouvrage du Malgache est d'aller le visiter de temps en temps pour marquer les nouveaux venus.

Malgré le prix des bœufs, d'un bon marché excessif, ces animaux donnent un bénéfice bien net et assez en rapport avec le caractère indolent et paresseux du naturel.

Les Malgaches aiment beaucoup les chants et la musique; ils ont l'oreille fort juste et toutes leurs chansons sont harmonieuses.

Chaque chanson se compose d'un refrain principal qui se chante en chœur et d'un couplet que le plus intelligent chante en improvisant les paroles suivant les circonstances. Lorsqu'ils conduisent en pirogue un Européen ne connaissant pas la langue, leurs chants consistent généralement à le louanger s'il est bon, et à médire sur lui s'il est mauvais. Etant très moqueurs, ils profitent de ces occasions pour rire sur vos imperfections et les comparer à des choses ridicules, afin de mettre la joie et la gaieté dans leurs rangs. Ils savent ainsi vous dire vos vérités en riant.

Dans tous leurs chants, la mesure est toujours ponctuellement observée; étant sur l'eau ils la marquent en ramant, sur terre ils frappent dans leurs mains où ils tapent avec des baguettes sur un bambou.

Ils ont plusieurs instruments de musique aussi ingénieux qu'imparfaits, citons :

Le mérouvané, instrument ayant le son de la guitare ; établi à l'aide d'un gros et long bambou sur lequel on a détaché tout autour, dans l'écorce, des filaments formant les cordes. On tend ces fibres comme les cordes d'un violon à l'aide d'un petit chevalet en bois.

L'érahou, composé simplement d'une seule corde montée sur une demie calebasse. Cette corde est mise en vibration à l'aide d'un archet.

Le bobre africain, corde en laiton tendue sur un bâton formant l'arc monté au tiers de sa longueur sur une calebasse.

L'azoulahé, espèce de tambour fait dans un tronc d'arbre évidé et creusé à la hache, puis revêtu d'une peau de bœuf ou de chèvre tendue avec des lianes.

Enfin il convient de citer une espèce de flûte faite dans un roseau.

Ils savent tirer de tous ces instruments des notes justes, et si leur musique n'est pas riche comme variante, elle a un cachet sauvage qui plaît.

Quelques gouverneurs ont une musique composée de 5 à 6 musiciens munis d'instruments venus d'Europe ; autant cette dernière est fausse et désagréable, autant la musique des indigènes plaît aux voyageurs.

Les chants, la musique et les danses ne font jamais défaut dans les moindres réjouissances.

Les danses, surtout celles des femmes, sont gracieuses et décentes. Elles consistent à donner aux pieds, pour ainsi dire sans bouger de place, des mouvements vivement répétés, rappelant les pas de la gigue, et à faire subir au corps, comme les danseuses de nos grands théâtres, en allongeant les bras perpendiculairement au tronc, des flexions d'autant plus gracieuses que les reins sont souples et dégagés.

Les principaux amusements des naturels sont la danse, la course au bœuf, la lutte et le fifanga.

Nous venons de parler de leurs danses,

il nous reste à dire un mot sur les autres jeux.

Le bœuf courant, le naturel le saisit par la bosse du cou et monte sur son dos à la voltige; ce tour de force est très difficile, et il faut l'agilité du Malgache pour l'exécuter comme lui.

Le naturel aime beaucoup la lutte, qui diffère peu de celle de nos pays, sauf qu'il est fort rare qu'elle dégénère en bataille.

Enfin, le fifanga est un morceau de bois sur lequel on a percé symétriquement des trous.

Ces trous servent à y poser des boules quelconques, servant de pions, et que l'on enlève comme avec le jeu de dames.

Les autorités ont des jeux plus sérieux; ce sont les tirs à l'oie et au bœuf, que l'on fusille, à une certaine distance. La victime appartient au tireur adroit qui lui a donné le dernier coup.

Il conviendrait également de dire quelques mots de la question religieuse.

Les Malgaches ne pensent pas à une seconde vie; néanmoins, ils croient à un être bon, et à un autre mauvais auteur de tous leurs maux.

Le premier, étant bon et nullement à craindre, toutes leurs amulettes et sacrifices consistent exclusivement à combattre l'esprit mauvais, de façon à se préserver des malheurs qui pourraient les atteindre.

Ils n'ont donc, à proprement parler, aucune religion, et ils se laissent vivre sans s'occuper sérieusement de la mort.

La religion est remplacée par une superstition très accentuée.

Une cérémonie difficile à expliquer, est la circoncision pratiquée dans toute l'île. A cette opération, qui donne lieu à une fête annuelle ponctuellement observée, il convient d'ajouter que toutes les femmes s'épilent le corps.

Ces coutumes prouveraient que des Juifs et des Arabes venus sans doute d'Aden auraient également contribué à peupler Madagascar, conjointement avec les Mozambiques, et Malais.

Il convient de dire, avant de clore la partie religieuse, que la religion actuelle, adoptée par l'Etat, est le protestantisme, à la tête duquel se trouve la Reine, qui tend naturellement à l'imposer à ses sujets. L'Angleterre a de nombreux missionnaires, travaillant sérieusement les masses, et si la religion chrétienne est également représentée par nos missionnaires jésuites, il leur manque l'appui du gouvernement Hovas pour arriver à des résultats palpables.

La langue malgache s'est, depuis quelques années, constituée d'une façon sérieuse; elle a maintenant son dictionnaire et sa grammaire, et comme on a pû le voir dans mon extrait des lois, l'instruction est obligatoire pour les hommes libres.

Elle est enseignée dans des écoles placées dans les principales villes, par des maîtres que les missionnaires Anglais ont généralement instruits.

La langue malgache est un dialecte qui semble issu du Malais et du Bouguy; elle possède des syllabes en très grande abondance, ce qui donne à son euphonie une grande harmonie, et au malgache une éloquence naturelle intarissable.

HISTOIRE POLITIQUE DE MADAGASCAR.

Rôle de la France depuis le XVIᵉ siècle.

Madagascar a été découvert au commencement du seizième siècle par une flotte Portugaise qui fut contrainte d'y aborder le 10 août 1506 à la suite d'un de ces cyclones, si communs dans cette région de la mer des Indes.

Peu de temps après, un des capitaines de la flotte de Tristan d'Acunha, dom Ruy Pereira, y fut également jeté par un évènement semblable.

Sur le dire de dom Ruy Pereira, qui avait trouvé cette île merveilleuse tant par sa population douce et nombreuse que par sa fertilité, Tristan d'Acunha se décida à se rendre lui-même à Madagascar pour y parcourir toute la côte occidentale.

Il releva ponctuellement les plans de son exploration qu'il communiqua avec son rapport au roi Emmanuel de Portugal. Ce dernier flairant une colonie sérieuse à ajouter à sa couronne, envoya successivement deux de ses principaux officiers ; d'abord, Diégo Lopez de Siqueyra et ensuite Juan Serrano et les chargea de vérifier sérieusement les dires de Tristan d'Acunha et d'examiner particulièrement la question commerciale et industrielle.

Ces opérations ne parurent sans doute pas avantageuses, car elles se bornèrent à des essais de civilisation par des prêtres qui furent promptement assassinés et par l'exportation de quelques esclaves.

Jusqu'au milieu du dix-septième siècle, aucune nation Européenne n'eut l'idée de prendre possession de la grande île et c'est seulement vers cette époque que le grand Richelieu songea à s'emparer de ce pays au nom de la France.

Il commença cette opération en donnant naissance à la Société de l'Orient et la mort vint le surprendre quelques mois après la signature du traité par Louis XIII, traité qui accordait à la Société pendant une durée de dix années, la concession de l'île de Madagascar et des îles adjacentes avec le droit exclusif d'y commercer.

La colonie de la Société, forte de prime abord de douze personnes, puis ensuite de quatre-vingt-deux hommes, s'établit définitivement par les 24° 44' 42" sur la côte Est, dans la baie de St-Luce, au Sud de l'île, après avoir cherché à s'installer plus au Nord à Fénérive et à Ménanhara.

St-Luce, à cause des marais qui l'entourent, était un endroit fort malsain, surtout dans la mauvaise saison, moment où ils arrivèrent.

Ils posèrent à St-Luce une pierre de possession au nom du Roi de France à la fin de 1643. Malgré les prétentions anglaises, l'île est donc bien une colonie française et la France n'a jamais abandonné ses droits à ce sujet.

La fièvre fit perdre à la compagnie qui était dirigée par Pronis et Fauquembourg, une bonne partie de ses hommes, et elle fut forcée de se transporter une troisième fois en d'autres lieux.

L'endroit choisi par les directeurs fut Fort Dauphin, au Sud de St-Luce par les 25° 1' 55" de latitude, où ils s'établirent sérieusement en bâtissant la forteresse de Fort Dauphin.

La conduite de Pronis fut loin d'être exempte de reproches; il prodiguait les vivres souvent pour ses plaisirs, si bien que ses subordonnés lui infligèrent une détention de six mois qui était, dit-on, très méritée. Cette détention fut levée par l'arrivée d'un renfort de France et Pronis profita d'une nouvelle révolte pour faire déporter douze de ses hommes dans l'île Bourbon.

Ne voulant pas subir le sort des déportés, vingt-deux autres colons désertèrent le Fort Dauphin pour se réfugier au Sud-Ouest de l'île dans la baie de Saint-Augustin.

Craignant de voir la colonie s'anéantir par les fautes de son chef, la compagnie de l'Orient se décida à le remplacer, et dans le dernier mois de 1648, de Flocourt succéda à Pronis à Fort Dauphin, en prenant par ordre du Roi de France, le titre de commandant général de l'Ile de Madagascar.

Contrairement à son prédécesseur, de Flocourt était un homme travailleur, sérieux, prudent et énergique. Son premier acte fut de rappeler à lui les déportés de Bourbon, qui après trois années de séjour dans cette île, avaient conservé la meilleure santé ; il fit, de plus, revenir les déserteurs de la baie de Saint-Augustin.

Il forma ainsi une colonie de 175 hommes, qui, à peine organisée, fut attaquée par des milliers d'indigènes.

Malgré les maladies qui avaient sensiblement diminué le nombre des Français, ceux-ci résistèrent courageusement, et on se fit une guerre sans quartier, exposant réciproquement les têtes des tués.

Grâce à la valeur de la petite troupe, la guerre réussit pleinement à la société qui, après plusieurs années, était parvenue à obtenir la soumission de tous les villages du Sud, avec promesse d'obéissance au roi de France, en échange de son aide et assistance, et de la promesse de respecter leurs biens.

Les troubles qui se passèrent vers cette époque dans la métropole, pendant la minorité du roi firent que Louis XIV négligea momentanément la nouvelle France.

Tout manquait à Fort Dauphin, munitions, armes et vivres, si bien que Flocourt, à bout de ressources, résolut, d'aller demander aux Portugais habitant Mozambique, le ravitaillement qui lui était absolument nécessaire.

A peine était-il embarqué, qu'une tempête le força de revenir au point de départ, et de remettre son voyage.

Sur ces entrefaites, deux navires français vinrent mouiller en rade de Fort Dauphin, envoyés par la compagnie pour charger des marchandises. Les capitaines des bateaux apprirent alors à de Flocourt que le duc de la Meilleraye avait obtenu la direction générale de la compagnie.

A cette nouvelle, Flocourt, se décida aussitôt à rentrer en France afin d'en avoir l'explication et de demander le secours de quelques grands personnages pour la compagnie dont les ressources déclinaient.

Après quelques résultats favorables à ses projets, et surtout avec de grandes promesses de la part de plusieurs amis, de Flocourt parvint à partir de nouveau pour Madagascar, aux lieu et place du duc de la Meilleraye.

De Flocourt ne devait plus revoir l'île où il avait déployé tant de talent et d'énergie ; il périt tragiquement dans la traversée, à la hauteur de Lisbonne à la suite d'un combat qu'il eut à soutenir contre trois pirates barbaresques.

Ainsi finit ce héros qui, par ses actes et ses écrits, tiendra toujours une place considérable dans l'histoire de Madagascar.

Pendant son voyage en France, de Flocourt avait laissé Pronis, devenu plus sérieux, à la tête de la colonie ; ce fut pendant ce laps de temps que Fort Dauphin fut brûlé par l'imprudence d'un soldat. — Cet événement fit énormément de chagrin à Pronis, qui mourut quelques temps après, à la suite dit-on de ce sinistre.

La direction arriva alors dans les mains de deux hommes farouches, les sieurs Duperrier et Laroche, qui se conduisirent d'une manière atroce vis-à-vis des indigènes.

La société de l'Orient se traîna péniblement jusqu'en 1656, et le 12 octobre de la même année, une nouvelle société fut constituée sous le nom de compagnie Rigault.

Cette nouvelle compagnie marcha lourdement pendant dix années sous la direction du duc de la Meilleraye, et elle envoya de nouveaux hommes sous les ordres de M. de Champargnou, qui administra de 1660 à 1665.

Il fallut toute la puissance de Colbert pour donner un nouvel essor à une idée de colonisation, et ce dernier arriva à créer en 1664 une troisième société commerciale, sous le nom de compagnie Orientale, au capital, énorme pour l'époque, de quinze millions de francs.

La France concéda Madagascar à la compagnie, ainsi que les îles circonvoisines.

Dans l'acte de concession, Madagascar qui, depuis la découverte des portugais, s'appelait île Saint-Laurent, est appelé d'un nom nouveau : Ile Dauphine.

Le Roi et tous les princes de la cour de France prirent une grande partie des actions de la Compagnie orientale.

Pendant toutes ces réformes, les Français restés à Madagascar luttaient contre toute espèce de difficultés. Ils ne purent rétablir la paix avec les indigènes que grâce à un Français, le sieur Lacaze qui, par son union avec la fille du chef de la vallée d'Amboule, avait une grande influence sur eux. Ces guerres et troubles avaient été occasionnés non seulement par les atrocités des chefs de la colonie, mais aussi par le père Etienne, directeur de la mission, qui paya de sa tête ses tentatives de conversion au christianisme.

La nouvelle compagnie orientale prit de nouveau, au nom du roi, possession de l'île, le 11 juillet 1665 et donna à Madagascar le nom de *France orientale* avec Fort Dauphin comme capitale. — Rien ne fut négligé, on organisa un conseil supérieur, et deux magistrats y furent envoyés.

M. de Champmargou qui avait remplacé Duperrier, et Laroche, successeur provisoire de de Pronis, remit l'île entre les mains de M. de Rennefort, porteur des ordres de Sa Majesté qui octroyaient le gouvernement général à M. le comte de Mondevergue, pour le compte de la compagnie orientale.

Ce dernier arriva seulement à Fort Dauphin en 1669, et M. de Champmargou resta en attendant à la tête de l'administration.

Le comte de Mondevergue descendit à Madagascar escorté d'une flotte de dix vaisseaux.

La colossale compagnie fut confiée à des hommes peu habitués au maniement de l'argent. Les gaspillages de capitaux, à l'origine, ne tardèrent pas à faire chanceler la Société et des dilapidations peu avouables enlevèrent bientôt les belles espérances des nombreux actionnaires.

La compagnie, bientôt sans ressources, eut alors l'idée de s'adresser à Louis XIV qui lui alloua un secours de deux millions. Malgré ces nouveaux fonds elle fut dans la nécessité de remettre en 1670 sa concession entre les mains du roi.

Le gouvernement s'occupa alors lui-même de la France orientale et supprima le conseil le 12 novembre 1670 après en avoir désapprouvé les actes. Il envoya une flotte de neuf vaisseaux commandés par l'amiral de La Haye, nommé vice-roi de l'île.

L'amiral de La Haye prit Champmargou

comme commandant en second et nomma Lacaze, major de la colonie.

A la réunion de l'île à sa couronne, le roi avait laissé au gouverneur de la compagnie orientale le choix de rester comme gouverneur particulier de l'île ou de retourner dans la métropole, mais M. de Mondevergue se décida à revenir en France où sur le rapport de l'amiral de La Haye il fut arrêté en mettant pied à terre et conduit prisonnier au château de Saumur.

Au départ de M. de Mondevergue, homme honnête et intelligent, mais à qui on avait à reprocher une extrême faiblesse, l'amiral de La Haye, sur une question d'amour-propre, commença à écarter les indigènes de Fort Dauphin et se mit en guerre contre une tribu voisine qui lui résista énergiquement les armes à la main.

Comme le gouvernement français désirait sans doute ajourner provisoirement ses projets sur la grande île, la résistance des naturels décida l'amiral gouverneur à porter ses forces dans l'Inde et à abandonner Fort Dauphin.

Lacaze puis Champmargou moururent peu de temps après cet abandon qui devait être cause de désastres successifs.

Le gendre de Lacaze, M. de la Bretesche, chercha alors à rallier tous les Français, mais les guerres successives avec les naturels et les discordes entre Français, le décidèrent également à abandonner le pays avec toute sa famille, et plusieurs colons.

A peine venaient-ils de quitter la côte que les naturels cherchèrent à massacrer le reste des colons; heureusement, les cris de détresse furent entendus du navire qui appareillait et on put avec une chaloupe arriver à temps pour sauver ces malheureux du massacre.

Malgré tous ces désastres, Louis XIV considéra toujours Madagascar comme faisant partie de sa couronne, et, par un édit du 4 juin 1686, il en fit la réunion définitive à son domaine.

Après la mort de Louis XIV, son successeur et arrière-petit-fils, Louis XV, consacra à nouveau les droits de la France par des édits de 1719, 1720 et 1725; néanmoins, ce ne fut guère qu'au milieu de son règne, en 1733, que l'attention de la France se dirigea de nouveau vers la grande île africaine.

L'ingénieur de Cossigny y fut envoyé avec trois vaisseaux dans la baie d'Antongil.

L'exploration de cet ingénieur n'eut pas de suite, et, onze années après, en 1745, M. Mahé de La Bourdonnais, alors gouverneur de notre colonie prospère de l'île de France, alla de nouveau explorer Madagascar.

Pendant le peu de temps que cet homme y passa, il acquit la certitude que Madagascar offrait beaucoup de ressources, et il fit un rapport qu'il communiqua à la métropole.

Enfin, en 1750, la Compagnie des Indes vint, après une donation aux Français par la Reine Béti, de l'île Sainte-Marie, et d'une partie de la côte Est, s'établir dans l'ile Sainte-Marie, qui resta ainsi le principal port de la France sur la côte Est de Madagascar.

Le directeur de la Compagnie des Indes était un nommé Gosse, ancien traitant, homme sans conduite, autoritaire et emporté, et qui n'avait rien de ce qu'il fallait pour diriger une nouvelle exploitation.

Il oublia les intérêts qui lui étaient confiés, et maltraita si bien ·les naturels, qu'il fut assassiné quatre années après son arrivée avec la majeure partie de ses compagnons, par ceux qu'il avait continuellement opprimés.

Les habitations des colons furent incendiées, et quelques-uns seulement purent échapper à la mort, grâce à la Reine Béti.

Aussitôt l'événement connu à l'île de France, un vaisseau fut envoyé à Sainte-Marie ; son capitaine châtia vigoureusement les assassins, brûla leurs villages, et amena à Port Louis la Reine Béti, soupçonnée de complicité dans ces attentats.

Après de plus amples informations, Béti, reconnue non coupable, revint à Foulepointe, où elle confirma à nouveau sa donation de l'île Sainte-Marie à la France.

Jusqu'en 1767, le commerce Français se faisait librement sur presque toute la côte Est, et en 1768, on pensa à rétablir des postes militaires.

A cette époque, M. le comte de Maudave fut chargé, par le ministre de la marine, de remettre en état le Fort Dauphin, après avoir été nommé commandant de cette nouvelle expédition.

Les frais du projet d'établir à nouveau une colonie française à Madagascar étaient, cette fois, au compte de la colonie de l'île de France, et le comte de Maudave fut choisi à la suite d'un plan et d'un mémoire qu'il avait élaborés. Ce travail avait reçu l'entière approbation du ministère d'alors.

Après avoir relevé le Fort Dauphin avec une colonie modeste composée de quelques officiers, soldats et laboureurs, M. de Maudave parvint à acquérir la sympathie des naturels et obtint des principaux chefs, la cession au roi de France d'une superficie de terrain de neuf lieues carrées environ.

Ce système de coloniser, non militairement, mais pacifiquement, la charrue à la main, avait chance de succès à cette époque où le passage des Français du siècle précédent était complètement oublié des naturels en cet endroit de l'île. — Mais, comme toujours, les grandes qualités de cet officier ne furent pas secondées. Sur un rapport mensonger et jaloux du gouverneur de l'île de France, la Métropole refusa tout secours à la colonie, et M. de Maudave se vit obligé d'abandonner Fort Dauphin en 1769, emportant avec lui les projets de colonisation commerciale, qu'il avait si bien commencés.

Après avoir été occupée pendant quatre années par les préparatifs de la guerre d'Amérique, la France songea à reprendre ses opérations sur Madagascar, en 1773. Ce fut le comte Maurice Benyowski, hongrois d'origine, habitant l'île de France, après une courageuse évasion du Kamtchatka, où il était déporté, qui eut, par le duc de Choiseul, la haute mission d'établir un nouvel établissement français dans la baie d'Antongil.

Cette nouvelle expédition, relativement considérable, arriva à Madagascar en 1774, au commencement du règne de Louis XVI. et Benyowski, nommé gouverneur général, prit possession de Madagascar, au nom de la France, le 14 février 1774.

Ses premiers actes furent de gagner la sympathie des indigènes et de construire des ouvrages défensifs sur la côte Nord-Est, à Ménanhara, Pointe à Larrée, Fénérive,

Foulpointe et Tamatave. La colonie débuta par de grandes difficultés provoquées d'abord par la rébellion de plusieurs peuplades, qu'elle sut, du reste, soumettre et ramener à l'obéissance ; puis, par la fièvre, qui fit dans les rangs des colons des ravages sérieux ; enfin, par une autre calamité, que nous rencontrons souvent dans l'histoire de Madagascar, la jalousie des gouverneurs de l'île de France, excitée, dans le cas actuel, par la fortune rapide du chef Polonais.

Ces gouverneurs, peu soucieux des intérêts de la France, cherchaient à anéantir Benyowski, et, par là, les beaux résultats qu'il avait déjà obtenus. Benyowski, homme infatigable, énergique et d'un grand talent, continua sans se décourager le rude travail qu'il avait entrepris, et réussit, par ses alliances avec les principaux chefs de quelques tribus, à agrandir la domination de la France.

Puis, faisant agréer par les indigènes l'avenir qu'il entrevoyait pour Madagascar, il commença la construction de plusieurs routes et canaux. Travaux qu'il jugea, avec juste raison, indispensables pour ce pays.

Cependant, la haine des gouverneurs de l'île de France poursuivait son œuvre, et, sur leurs rapports mensongers la mère-patrie laissa la colonie de Benyowski sans secours

Trois années se passèrent ainsi entrecoupées de révoltes et d'attaques faites par certaines tribus non soumises ; Benyowski faillit même perdre la vie.

Se voyant abandonné par la Métropole et continuellement en butte aux injustices du gouverneur de l'île de France, Benyowski se laissa aller, sur les supplications de la majeure partie du peuple malgache, à quitter le service du roi de France.

Après s'être démis de ses fonctions de directeur, qu'il remit entre les mains de MM. Chevreau et Bellecombe, envoyés du gouverneur de l'île de France, le 10 octobre 1776, le comte de Benyowski eut la malheureuse idée de profiter d'une circonstance étrange.

Une vieille malgache à son service, ancienne esclave vendue aux français en même temps que la fille du dernier chef suprême de la province de Ménanhara, avait reconnu par erreur, dans Benyowski, le fils de cette princesse. Cette reconnaissance, correspondant avec le dire d'un vieillard de Ménanhara qui était souvent inspiré, les chefs des tribus, à la suite d'une réunion générale des peuples malgaches, élevèrent l'ancien gouverneur à la dignité de chef suprême de Madagascar.

Benyowski prit son rôle au sérieux, et, après une réunion générale du peuple, il mit à jour une constitution malgache.

Par une longue délibération du Conseil suprême, le nouveau roi s'embarqua à Louisbourg pour l'Europe le 10 décembre 1776 afin de s'entendre avec la France au nom du peuple malgache.

Il fut bien accueilli en France, où il reçut même une épée d'honneur, mais ses projets de colonisation ne furent pas pris en considération.

Ne pouvant revenir sans résultats, il se porta alors en Amérique, où il accepta des États-Unis, cependant sans sanction officielle, quelques subsides pour l'aider dans sa nouvelle entreprise.

Il revint le 7 juillet 1785 à Madagascar, débarquant dans la baie de Passandava, au Nord-Ouest de l'île, pour aller par terre, jusqu'à la baie d'Antongil.

Là, après dix années d'absence, il retrouva les mêmes sentiments affectueux qu'avant son départ.

Le village adopté pour sa capitale fut Anbohirafia, sur la côte Est, dans la baie d'Antongil, qu'il commença par fortifier, puis il installa en même temps différents postes de défenses.

Ces agissements successifs, qui semblaient vouloir écarter la France de ses droits sur l'île, amenèrent le gouvernement français à le considérer comme rebelle, si bien qu'on décida l'envoi d'un navire de guerre dans la baie d'Antongil afin de mettre un frein aux agissements de Benyowski.

Ce navire de guerre, *la Louise*, fut, à cet effet, envoyé par le gouverneur de l'île de France, M. de Souillac. Ce navire, portant 60 hommes du régiment de Pondichéry et deux pièces de canon, mouilla dans la baie d'Antongil et débarqua ses forces le 23 mai 1786.

Les soldats purent se rendre, sans résistance, près du fort où Benyowski était enfermé avec deux blancs et trente indigènes.

Le feu s'engagea alors, et, aux premiers coups de fusils, les trente malgaches lâchèrent pied, et désertèrent. La garnison du fort se trouvait ainsi réduite à trois Européens bien décidés à mourir. Au moment où Benyowski allait faire feu sur les Français avec une pièce de canon chargée à mitraille, il tomba mort, frappé d'une balle, au côté droit de la poitrine.

Son corps resta pendant trois jours sans sépulture, et les derniers devoirs lui furent rendus tardivement par un de ses anciens officiers, M. de Lasalle, qui planta sur sa tombe deux cocotiers, disparus seulement depuis quelques années.

Ainsi périt le comte de Benyowski, après un règne aussi étrange qu'éphémère.

Après la mort de cet homme véritablement supérieur, dont la mémoire jouit encore de nos jours, à Madagascar, d'une grande vénération, les relations de la France avec la grande île africaine, se bornèrent, jusqu'en

1792, à un commerce peu important, et ce ne fut qu'à cette époque que Louis XVI se décida à y envoyer un commissaire civil, M. Lescallier, ayant pour principale mission d'étudier l'île et de trouver une position favorable pour l'établissement d'une nouvelle colonie.

Daniel Lescallier était un homme fort intelligent, et il communiqua au gouvernement français un rapport expliquant ses projets et indiquant également les causes de tous nos insuccès.

Lescallier resta dans l'île jusqu'en 1796, et revint en France par suite des événements révolutionnaires de la Métropole.

En 1801, une mission fut confiée à M. Bory-Saint-Vincent, qui déclara, à la suite de son exploration, que Madagascar pouvait donner une solide position à la France dans la mer des Indes; enfin, en 1804, le gouverneur de l'île de France, le général Decaen, chargea le capitaine Mécusson de reconnaître les ports de la côte Est afin de pouvoir y placer des postes militaires.

Sur les rapports de ce dernier, on prit de

sérieuses dispositions pour le maintien des intérêts français, et on créa des établissements sur toute la côte Est, en les divisant en deux départements, celui du Nord et celui du Sud, puis on plaça à chaque poste des agents sous les ordres d'un agent général, M. Sylvain Roux.

La capitale de ces établissements était la ville de Tamatave, qui fut fortifiée et gardée par de l'artillerie. Enfin on organisa une milice avec tous les français habitant le pays.

Cette parfaite administration, sous les ordres du capitaine général Decaen, ne devait pas s'arrêter en si bonne voie, et on avait été jusqu'à projeter la construction d'un canal à Tamatave.

Ainsi prospérait notre colonisation quand, le 18 février 1811, une corvette anglaise, *l'Eclipse*, parut devant Tamatave, et, en raison de la capitulation de l'île de France du 3 décembre 1810, exigea de l'agent général, M. Sylvain Roux, la remise à l'Angleterre de tous nos établissements de Madagascar.

Les Français, ne purent faire autrement

que de remettre Tamatave aux mains des Anglais, le 13 février 1811.

Sa Majesté Britannique y fit installer alors un nouveau gouvernement avec une garnison assez forte. Mais, au bout de quelques mois, cette garnison ne tarda pas à être décimée par les maladies, de sorte que l'Angleterre se décida à réduire son occupation aux proportions que les Français avaient adoptées auparavant.

Les Anglais, voulant s'établir sur toute la côte Est, occupèrent également port Louquez, où ils furent massacrés par les indigènes, à la suite de brutalités dont ils s'étaient rendus coupables.

Quelque temps après cet évènement, ils envoyèrent, en 1816, un capitaine anglais pour venger leur drapeau. Ce capitaine, après avoir pendu l'auteur du massacre, qui était le chef de la tribu habitant ces parages, se retira vers la fin de l'année, laissant derrière lui tous les forts détruits.

Le traité de 1814 rendit à la France ses anciens droits sur Madagascar. Cependant, à la suite de certaines contestations avec l'Angleterre, ce fut seulement en 1817 que le ministre de la marine ordonna aux administrateurs de l'île Bourbon de prendre à nouveau possession de l'île malgache et d'y faire respecter sérieusement le pavillon français.

En 1818, une exploration, sous les ordres de M. Sylvain Roux, visita successivement Tamatave, Foulepointe, et tout le littoral jusqu'à Sainte-Marie, pour reprendre solennellement possession de Madagascar.

Cette prise de possession eut lieu le 15 octobre 1818, et on jugea alors convenable d'établir à nouveau des postes militaires. Le Fort Dauphin, en ruine, fut relevé et occupé de nouveau par les Français, ainsi que Sainte-Luce, le 1er août 1819.

Pendant tous les événements qui s'étaient passés entre la France et l'Angleterre, un autre, beaucoup plus important, avait eu lieu au centre de l'île; c'était la formation de la tribu Hova, due à un seul homme, et qui s'est trouvée servir les vues de l'Angleterre, dont la jalousie, ne nous avait lâché Madagascar qu'à regret.

Les Hovas, encouragés par les Anglais,

voulaient être seuls maîtres de la grande île, si bien que, 6 ans après notre nouvelle occupation, en 1825, quatre mille de leurs soldats vinrent notifier à l'officier français commandant le poste de Fort Dauphin de leur faire la remise de la position et des établissements.

Sur le refus de l'officier, et malgré l'armistice qui avait été convenu d'un commun accord afin d'attendre des ordres de la Métropole, les Hovas, en nombre supérieur, entrèrent de vive force dans le fort le 14 mars 1825, puis arrachèrent le pavillon français pour le remplacer aussitôt par celui de leur roi Radama.

L'officier et les cinq soldats qui gardaient le fort furent faits prisonniers, puis relâchés quelques jours après.

Comme je le disais plus haut, l'influence anglaise n'était pas étrangère à ces événements et cette puissance a toujours continuée à agir ainsi envers nous à Madagascar.

Devant la gravité des faits survenus à Fort-Dauphin, le gouverneur de l'île Bourbon résolut de temporiser jusqu'à ce que le gouvernement de la Métropole lui ait donné des ordres.

La France demanda trois années pour prendre une décision ….

Pendant ces trois années, contrairement aux Anglais, qui avaient des traités de commerce avantageusement établis avec le gouvernement hova, les mesures les plus vexatoires furent alors mises en vigueur contre les commerçants français par le roi Radama. Ne voulant pas s'arrêter en de si bonnes voies, les Hovas, n'osant attaquer l'île Sainte-Marie, bien fortifiée, que nous avions toujours conservée, eurent l'idée de nous la faire abandonner en enlevant aux habitants les bras nécessaires à la culture de la terre, et en interdisant à tous les malgaches, sous peine de mort, de commercer ou de vendre un seul esclave aux Français.

Les affaires restaient ainsi malgré les réclamations de M. de Cheffontaine, gouverneur de Bourbon, qui expliquait le mauvais effet que produisait notre temporisation pour l'autorité de notre pavillon.

En 1828, le roi Charles X ordonna au gouverneur du Sénégal de former un détachement de deux cents hommes, qui devait être augmenté par l'envoi de tous les noirs saisis en mer pendant la traversée, et cela en vertu des lois contre la traite.

Ce détachement fut transporté à l'île Sainte-Marie par la corvette *la Meuse*; mais il était trop peu important pour tenter un coup décisif, et son inaction ne fit qu'enhardir les Hovas contre nous, et procurer à nos commerçants, des vexations nouvelles de toutes sortes.

Près d'une année après la mort du roi Radama, le 28 janvier 1829, le gouvernement français décida de mobiliser une division navale pour porter à Madagascar cent cinquante-six hommes d'artillerie, quatre-vingt-dix hommes d'infanterie, et de former, avec le détachement du Sénégal envoyé par *la Meuse* et un nombre égal d'hommes venant des garnisons de Bourbon, un nouveau corps expéditionnaire.

Il était entendu que cette troupe devait se présenter amicalement sur les côtes, et qu'aucune tentative armée ne serait faite avant la réponse de la nouvelle reine hova, à laquelle, après lui avoir offert des présents, on devait demander l'occupation par la France, de Tintingue, Fort Dauphin et autres points ayant déjà été soumis à la domination française.

Il convient d'ajouter, que cette demande amicale était accompagnée de l'ultimatum suivant : Faute d'acceptation dans un délai de huit jours, l'expédition procéderait à cette restitution par la force armée.

La division navale mouilla le 9 juillet 1829 en rade de Tamatave.

Le commandant, M. Gourbeyre, descendit alors à terre, porteur des cadeaux destinés à la reine, mais, devant les préparatifs de défense qu'il put constater de la part des Hovas, il résolut de ne pas perdre un temps précieux en pourparlers, et notifia de suite nos prétentions à la reine Ranavalo.

En l'attente de la réponse, le commandant se rendit, avec la division, à Tintingue, et en fit la reprise de possession le 2 août 1829.

Aussitôt à Tintingue, le commandant s'occupa de fortifier solidement cette place, et, le 19 septembre de la même année, le fort put recevoir et abriter le pavillon français.

Laissant trois cents hommes de troupe

dans la place fortifiée de Tintingue, le commandant Gourbeyre se dirigea à nouveau sur Tamatave, la réponse de la reine hova n'étant pas encore parvenue.

Le délai de l'ultimatum étant passé, la division commença, le lendemain, le bombardement avec la *Terpsichore,* la *Nièvre* et la *Chevrette.*

Les canons dirigèrent leur tir sur le fort de Tamatave, qui sauta après quelques obus bien dirigés.

Les résultats du feu mirent en fuite toute la garnison indigène, et la déroute fut encore plus complète après le débarquement de cent trente-huit hommes de troupe qui repoussèrent l'ennemi jusqu'aux montagnes d'Yvondrou.

Dans ces divers combats, les hovas perdirent environ cent hommes, et laissèrent entre nos mains vingt-trois canons et deux cents fusils.

Victorieux à Tamatave, M. Gourbeyre se porta alors sur Foulepointe, situation également très importante, où il arriva le 26 octobre 1829.

En cet endroit, les dispositions étaient moins bien prises, et la victoire ne fut pas à notre avantage. Aussi, pour effacer notre échec, la division se dirigea sur la Pointe à Larrée, où la déroute des indigènes fut des plus complètes.

Les fièvres continuelles qui abattaient nos soldats, le peu de munitions qui restaient, décidèrent le commandant à porter toutes nos troupes dans la place fortifiée de Tintingue pour y passer l'hivernage.

Ces diverses précautions n'empêchèrent pas les négociations de se continuer, et, le 20 novembre, des officiers hovas arrivèrent à Tintingue, envoyés par la reine, que nos victoires successives avaient certainement effrayée.

Les envoyés paraissaient imbus de sentiments très pacifiques ; ils demandaient la terminaison de la guerre, et disaient que la reine était toute disposée à faire droit aux griefs de la France.

Après six jours de séjour parmi nous, les envoyés partirent, emportant un traité que Ranavalo devait ratifier pour le 31 décembre 1829 au plus tard.

Toujours poussée par les missionnaires anglais établis à Tananarive, la reine refusa la ratification de ce traité, et le seul parti qu'il restait à l'honneur français était, dès lors, de recommencer les hostilités.

La Métropole, pour agir plus énergiquement, ordonna alors l'envoi de huit cents hommes du Sénégal avec l'ordre, néanmoins, de chercher encore de nouvelles tentatives d'arrangement.

Ces tentatives durèrent plus d'une année, et ce fut devant le refus systématique des Hovas, qu'on décida la reprise des hostilités pour le mois de juillet 1831.

Cette reprise de nos droits à Madagascar devait encore nous échapper une nouvelle fois, car sur ces entrefaites, la révolution de Juillet s'accomplissait en France, et retardait forcément les opérations projetées.

L'un des premiers actes du nouveau ministre de la marine fut nécessairement de voir si, devant les événements si graves de la métropole, il n'était pas sage de mettre un terme aux dépenses que nous occasionnait Madagascar. De plus, le nouveau roi de France désirait écarter le moindre sujet de mésintelligence avec l'Angleterre.

Devant toutes ces considérations, le gouvernement décida de suspendre momentanément toute tentative de colonisation à Madagascar, et l'évacuation de Tintingue fut ordonnée le 31 mai 1831, sur l'ordre du gouverneur de Bourbon.

Quant à notre colonie de l'île Sainte-Marie, cette position continua, heureusement, à nous rester.

Voilà comment se termina l'expédition de 1829 si brillamment commencée.

Après l'évacuation de Madagascar par nos troupes, les hostilités envers les traitants français s'apaisèrent peu à peu jusqu'en 1832, époque où le ministre de la marine, M. le comte de Rigny, eut de nouveau l'idée d'établir des comptoirs à Madagascar; en attendant qu'il puisse y former un établissement maritime et y rétablir avec honneur le pavillon français.

Le ministre de la marine chargea le gouverneur de Bourbon, M. le contre-amiral Cuvillier, de faire explorer la baie Diégo-

Suarez, au Nord-Est, qui lui semblait un territoire plus sain que ceux habités jusqu'ici par les Français.

Cette baie immense, qui possède à elle seule plusieurs beaux ports, et tout le nécessaire pour le ravitaillement, fut explorée en 1833 par les officiers de la corvette *la Nièvre*, qui furent unanimes à constater les grands avantages qu'offrait la baie de Diégo-Suarez.

Le contre-amiral Cuvillier décida, sur le rapport des officiers de *la Nièvre*, que l'on devait prendre possession de la baie par voie de conquête contre les Hovas, et qu'il était indispensable de chasser ces derniers de tout le littoral. On estima, pour obtenir un parfait résultat, qu'il fallait douze cents hommes de troupe, un corps d'artillerie et huit navires de guerre.

Mais M. le contre-amiral Jacob, qui avait succédé à M. le comte de Rigny, au ministère, eut peur de présenter les conclusions du rapport des officiers de *la Nièvre* à la Chambre, les crédits nécessaires étant assez élevés; de sorte qu'il se décida à abandonner les nouveaux projets de colonisation que son prédécesseur avait ébauchés.

Les rivalités entre les Français et le gouvernement Hova semblèrent se calmer à la suite de notre retraite, les relations commerciales ne prirent pas, cependant, une grande importance.

Si la position de la France était plus calme vis-à-vis de la reine Ranavalo, il n'en était pas de même pour l'Angleterre qui avait perdu son prestige à Tananarive, en laissant voir ses prétentions sur l'île; si bien qu'à la suite d'un kabar, il fut décidé que tous les sujets de la reine devaient, sous peine de mort, renoncer à la religion que les missionnaires anglais avaient enseignée.

Ces missionnaires, devant un pareil édit qui détruisait quinze années de la politique envahissante anglaise, prirent le parti de quitter Tananarive vers le mois de juin 1835.

Ce fut au milieu de ces événements que se passa un fait odieux, aussi impolitique que peu patriotique, de la part d'un Français.

Des tribus malgaches de la côte Est, jusqu'ici nos amies, étaient arrivées, dans la baie de Saint-Augustin, à secouer le joug des Hovas et de se mettre ainsi en dehors de leurs lois. Un navire de commerce français, *le Voltigeur*, prit à son bord, à Mahéla, cinquante Hovas pour les transporter en rade de Saint-Augustin.

Les Hovas étant cachés dans la cale du navire, le capitaine du *Voltigeur* invita les chefs des tribus insoumies à partager son repas. A peine étaient-ils à table, que le bâtiment appareilla, et les Hovas, sortant de la cale, s'élancèrent sur leurs victimes.

Un seul des chefs eut le temps de fuir en se précipitant à la mer, où il gagna la côte. Quant aux autres, ils furent garrottés et amarrés.

Après ce crime, *le Voltigeur* se rendit à Fort Dauphin, où il descendit les Hovas avec leurs prisonniers qui, après avoir été dirigés à Tananarive, furent tous exécutés.

Ces faits étaient d'autant plus regrettables qu'ils avaient eu lieu à l'ombre de notre pavillon, et il est à déplorer que le gouvernement français n'ait pas puni vigoureusement ce guet-apens. Ces faits, tout à l'avantage des Hovas, ne firent pas pour cela départir ces derniers de leur antipathie pour les étrangers, et en particulier pour nos nationaux.

Sur le dire de plusieurs capitaines marchands, l'amiral Duperré chercha, en 1837, en envoyant un officier près de la reine à Tananarive, à s'entendre sur un traité de commerce.

Cette demande, toute naturelle, se vit mal accueillie.

A partir de cette époque, les Hovas commencèrent de nouveau à faire supporter à nos nationaux les tracasseries les plus odieuses, et, en 1838, un capitaine au cabotage de Maurice fut sur le point d'être victime d'un guet-apens conçu par les Hovas.

Deux corvettes anglaises furent alors envoyées de l'île de France pour demander réparation de ce nouvel acte de brigandage. Ces corvettes rencontrèrent à Tamatave deux bâtiments de guerre français, *le Colibri* et *le Lancier*, qui venaient également châtier les barbares pour leurs mauvais procédés vis-à-vis de nos nationaux.

Cette apparition, loin de rassurer les européens, ne firent qu'augmenter leurs craintes, car les ordres de la reine étaient d'incendier les demeures des traitants à la moindre démonstration des navires ; et en effet, dans la nuit suivante, plusieurs incendies se déclarèrent, et ce ne fut que grâce aux marins que l'on put s'en rendre maître.

Le lendemain, devant la décision bien arrêtée de commencer le bombardement, les Hovas consentirent à nous donner quelques garanties de sécurité pour les européens, garanties qui leur permirent de vivre tranquilles quelque temps.

En 1839, sous les auspices du gouvernement de Maurice, un négociant anglais vint demander à la reine d'emmener avec lui huit cents naturels pour remplacer les esclaves dont il était privé par l'abolition de l'esclavage.

La reine refusa ces propositions qui furent renouvelées à nouveau par un envoyé du gouvernement anglais, M. Campbell.

La reine s'opposa énergiquement à satisfaire à cette demande, et défendit, sous peine de mort, à tous ses sujets, d'accepter tout engagement de ce genre. Plusieurs malgaches, qui avaient consentis à partir avec M. Campbell, furent sagayés devant lui.

Jusqu'en 1845, les traitants furent tolérés sur les côtes, supportant une position déconsidérée et étant souvent l'objet d'insultes plus ou moins grossières de la part des Hovas; quand, sans que rien ne puisse le justifier, il arriva, à cette époque, un ordre d'expulsion pour tout traitant qui ne se soumettrait pas à une nouvelle loi aussi stupide que peu civilisée. Cette loi allait jusqu'à les obliger, si bon semblait à la reine, à prendre le Tanghin et à être vendus et faits esclaves en cas de dettes.

Ce fut alors que le commandant de la station française alla, avec trois navires, mettre nos nationaux à l'abri de pareilles prétentions.

A peine le premier bâtiment de guerre français était-il mouillé sur la rade de Tamatave, qu'une corvette anglaise, *le Conway*, jetait l'ancre également près de lui, et cela dans le même but que nous.

Après avoir embarqué toute la population européenne, et, sur un refus du gouverneur de Tamatave de revenir sur la persécution dont nous étions l'objet, les navires anglais et français, qui s'étaient embossés à mille mètres du fort de Tamatave, commencèrent à ouvrir le feu le 15 juin 1845.

Les forts hovas répondirent à notre artillerie avec assez de précision au début de l'action, mais, néanmoins, sans beaucoup de succès.

Au bout d'un quart d'heure d'attaque, le feu commença à prendre dans l'intérieur et dans les environs de la batterie du Nord, qui fut abandonnée aussitôt par les Hovas.

Profitant de cette défaite, les navires envoyèrent à terre quatorze embarcations montées par deux cent trente-huit marins français, et quatre-vingts anglais.

Ces hommes débarquèrent à terre dans le plus grand ordre, et s'élancèrent, avec une ardeur indescriptible, sur l'ennemi, caché dans ses retranchements.

Une batterie rasante fut enlevée au Sud, et dans le fort principal eut lieu une lutte corps à corps acharnée, dans laquelle Anglais et Français rivalisèrent de courage.

Les Hovas, repoussés et complètement battus, se réfugièrent dans leurs casemates, où il fut impossible aux marins de pénétrer, faute de munitions suffisantes.

Après ces vaillants exploits, on fit battre le rappel et on procéda à l'embarquement des troupes, après avoir infligé des pertes considérables à l'ennemi. Quant à nos pertes et avaries, elles consistaient en vingt morts, cinquante-cinq blessés, et quelques boulets dans les flancs de nos navires.

Le 16 au matin, quarante matelots du *Berceau* débarquèrent à nouveau sans apercevoir aucune trace de Hovas. Ces matelots chargèrent quelques marchandises appartenant à un traitant, afin de les soustraire au pillage qui devait avoir lieu aussitôt notre départ, et revinrent à leur bord quelques heures après.

Enfin, le 17 au matin, la présence des bâtiments étant devenue inutile, *la Zélée* fit route pour Foulpointe, et *le Conway* et *le Berceau*, ainsi que cinq navires de commerce qui se trouvaient en rade, appareillèrent pour quitter Tamatave.

Les traitants français arrivèrent à Bourbon à bord du navire de commerce *le Cosmopolite*, et les Hovas, aussitôt le départ des navires, alors que ceux-ci étaient encore en vue, coupèrent la tête de cinq de nos morts oubliés dans les fossés du fort. Ils fixèrent ces têtes au bout de leurs sagayes, qui furent plantées le long des côtes.

Ces têtes restèrent ainsi pendant une dizaine d'années, et ce ne fut qu'au bout de ce temps qu'elles ont été inhumées par un créole de la Réunion.

Ces événements ne se seraient pas terminés ainsi, si la politique intérieure de la France n'était venue entraver de nouveau la répression énergique que ces barbares avaient méritée.

La Révolution de 1848 remit au loin la revanche que nous devions provoquer, et toute occupation par la France était ajournée, laissant ainsi la reine Ranavalo vivre au milieu du sang et de ses cruautés qui faisaient trembler non seulement les peuples conquis, mais particulièrement les Hovas eux-mêmes.

Ce n'était plus, à Tananarive, qu'exécutions périodiques et publiques, et les populations soumises étaient appelées, à certaines époques, à venir s'accuser de crimes imaginaires. Elles se servaient mutuellement de bourreaux l'une pour l'autre.

Malgré ces cruautés, qui semblaient ne pouvoir atteindre que les indigènes, les traitants étaient revenus sur les côtes, vivant, comme par le passé, avec une confiance relative, quand, le 19 octobre 1856, l'indignation des Français fut de nouveau excitée. Un Français, qui exploitait une mine de houille dans la baie de Passandava, était massacré avec plusieurs de nos nationaux, et son établissement complètement détruit.

De plus, cent hommes travaillant à l'exploitation étaient emmenés en captivité, après avoir été dépouillés de leurs armes.

Un Français, blessé, qui avait échappé à la mort, était parmi les prisonniers. Après avoir été amené à Tananarive, puis exposé sur le marché pour être vendu comme esclave, il parvint à obtenir sa grâce par l'intermédiaire d'un Français habitant Tananarive, M. Laborde, qui avait près de la reine une grande influence.

Ces crimes, joints à bien d'autres infâmies que l'importance de cet ouvrage nous force à passer sous silence, restèrent complètement impunis.

En 1859 et 1860, le commandant de la station visita les côtes et chercha à réprimer les actes de barbarie dont nous avions été victimes, il se rendit dans la baie de Saint-Augustin, dont il dressa l'hydrographie.

Sa présence, qui faisait voir aux Hovas que la France veillait sur ses nationaux, n'empêcha pas la reine de continuer à proscrire l'élément français et d'exiler deux hommes qui lui avaient rendu de très grands services.

Ces deux hommes, qui furent obligés de se réfugier à Bourbon, ont certainement joué le plus grand rôle dans l'histoire contemporaine de Madagascar. Je veux citer MM. Laborde et Lambert. M. Laborde était un homme d'une intelligence réellement supérieure bien que son instruction ait été restreinte, il parvint par son talent naturel et son travail, à créer à Tananarive des usines relativement colossales, en raison du peu de ressources que lui donnait le pays. Il était arrivé à organiser des ateliers où près de dix mille indigènes travaillaient la soie, le verre, la porcelaine, le savon, le fer, le cuivre, etc.

M. Lambert, qui ne restait pas en arrière de M. Laborde sous le rapport de l'intelligence, joua surtout un rôle politique, et ne cessa de chercher à donner à la France le protectorat de Madagascar.

Heureusement pour ces deux Français, la plus sanguinaire et la plus cruelle des reines, Ranavalo, mourut le 18 août 1861, laissant partir de tout son peuple un cri de soulagement, car la vie semblait s'être arrêtée pendant ce long règne, et les populations qui avaient résisté au fer, au feu et au Tanghin, étaient moralement anéanties.

Malgré les intrigues qui se développèrent aussitôt la mort de Ranavalo, le prince Rakout, grand ami des Français, fut appelé à la tête du gouvernement sous le nom de Radama II.

Ses premiers actes furent de retirer toutes les lois sanguinaires de Ranavalo et de supprimer tous les supplices, entre autres l'application du Tanghin.

Il désira faire de Madagascar une terre hospitalière, et il ouvrit à tous les étrangers, sans distinction de nationalité, les portes de l'île.

Il rappela aussitôt les deux Français qui avaient été si dévoués à la civilisation de Madagascar, MM. Laborde et Lambert, et, en signe de reconnaissance pour les services rendus, il créa ce dernier duc d'Imerne.

Devant les intentions bienveillantes dont il était animé, Radama fut reconnu par différentes Cours de l'Europe, et la France se décida à nommer M. Laborde consul français à Tananarive, le 12 septembre 1862.

Cette nomination fut faite à la suite d'une mission française qui avait débarqué à Tamatave le 5 juillet de la même année.

Un traité de commerce, établi dans les meilleures conditions pour nos nationaux, fut signé au milieu des fêtes et des réjouissances publiques provoquées surtout par l'arrivée de la mission.

Ce traité, qui donnait une entière satisfaction à l'honneur de notre drapeau et au commerce français, notifiait entre autres que nous avions la faculté de posséder et d'exploiter des immeubles, chose qui nous était complètement refusée depuis bien des années.

Ce fut après ce traité que M. Lambert, avec l'approbation de Napoléon III, conçut l'idée de fonder une nouvelle société d'exploitation, la Compagnie de Madagascar.

On voulait ainsi renouveler, à deux cents ans de distance, la grande opération de Richelieu.

Le capital de cette entreprise fut émis à cinquante millions, et elle était gérée par un Conseil d'administration donnant une grande confiance, car il fut choisi parmi les hommes les plus éminents de l'époque.

Malheureusement pour les actionnaires, et surtout pour la France, cette grande opération devait s'évanouir comme celle que Richelieu avait conçue.

Radama II, d'une nature généreuse, était animé de sentiments opposés à Ranavalo. Il supprima les seules ressources sérieuses de l'Etat, les douanes ; et cela, par une excessive bonté, qui lui fit également commettre des fautes gouvernementales des plus graves.

La comparaison est parfaite en disant qu'il fut un nouveau Louis XVI, et, dans certains cas, son énergie était tellement faible qu'il cédait continuellement devant les moindres réclamations de ses sujets.

Si la suppression des douanes avait favorisé énormément les transactions commerciales et procuré un bien-être relatif parmi les populations, elle avait amené la ruine des anciens chefs hovas qui avaient été habitués, par Ranavalo, à vivre du malheur des autres.

Des complots devaient naturellement surgir, et, dans les premiers jours de mai 1863, quatre mille hovas, poussés et armés par ceux qui avaient à se plaindre du nouvel état de choses, arrivèrent de la côte à Tananarive pour demander la rupture des concessions faites aux étrangers par Radama. Le roi, ayant refusé énergiquement de se soumettre à de pareilles prétentions, cette foule armée se porta devant le Palais, exigeant la mise

Le Palais du premier Ministre à Tananarive.

à mort des amis du roi, accusant ces derniers, d'avoir par leurs conseils, guidé le roi dans tous ses agissements.

Malgré l'énergie de Radama II en cette circonstance et son opposition à livrer ses amis, huit d'entre eux furent massacrés le 9 mai, dans les rues de Tananarive et les autres garrottés et amenés en sa présence.

Le roi demeura au Palais après cette violation, prisonnier, pour ainsi dire, et entouré de ses plus grands ennemis, prêts à l'assassiner au premier signal.

Parmi ces ennemis, il convient de citer son premier ministre, Rainivouninahitriniony, homme méchant et sournois.

Le roi lutta ainsi jusqu'au 12 mai, entouré par ses ennemis, et leur résistant par son impassibilité ; enfin, le même jour, à 9 heures du matin, les conjurés, au nombre de douze, franchirent les portes du Palais avec l'idée formelle de tuer Radama.

La reine, qui se doutait du danger menaçant son mari, refusait de le quitter depuis plusieurs jours, espérant lui éviter la mort par sa présence et ses supplications.

En voyant arriver les rebelles, le roi comprit que l'heure suprême était venue, et, avec une grande énergie, pensant que les jours de sa femme étaient en danger, il voulut lui faire un bouclier de son corps.

Les conjurés, sans s'attendrir devant ce dévouement admirable, eurent la cruauté d'employer la violence pour les séparer, et, à coups de plat de sabre, ils finirent par se rendre maître du roi, et par traîner la reine dans une pièce voisine.

Puis les assassins se jetèrent sur Radama, et l'étranglèrent avec une ceinture de soie blanche.

Voilà comment, après quelques mois de règne, périssait, à trente-quatre ans, le roi Radama II.

Ce prince, intelligent et bon, était certainement victime de sa générosité et de sa faiblesse.

Ses ennemis n'arrêtèrent pas là leurs exploits, et, le lendemain de sa mort, ils procédèrent à l'exécution de tous les amis du roi ; puis, ils cherchèrent, par une machination mensongère, à faire croire au peuple que le roi n'était pas mort, et qu'il vivait, de son plein gré, au milieu d'une tribu hospitalière installée loin de Tananarive.

La reine Raboude, femme de Radama II, fut proclamée reine sous le nom de Rasoaherina, et cela à l'entière satisfaction du premier ministre, et surtout des Anglais, qui accusaient le roi de se prêter aux ambitions de MM. Laborde et Lambert, qui voulaient, disaient-ils, s'emparer de Madagascar.

La reine, malgré son intention de vouloir continuer les relations de son mari avec la France, dut subir la volonté du premier ministre Rainivouninahitriniony, qui s'y opposait absolument, et on présenta à l'amiral Dupré qui était en rade de Tamatave avec la frégate l'*Hermione*, le projet d'un nouveau traité de commerce, absolument dérisoire.

L'amiral Dupré, voyant qu'il était impossible de tirer quelque chose d'acceptable de ces barbares, résolut d'essayer si le résultat ne serait pas meilleur en les intimidant par la force.

Il fit mine d'embosser l'*Hermione* devant

Tamatave ; malheureusement, la démonstration n'était pas assez complète, et le canon de nos bâtiments gardant le plus grand silence, la solution ne fut pas satisfaisante.

L'amiral Dupré quitta alors la rade de Madagascar le 1er octobre 1863.

A la suite de ces événements, il devenait impossible à la Compagnie de reprendre ses opérations ; on dut, naturellement, suspendre toute exploitation, et on termina cette affaire en demandant au gouvernement malgache, par l'intermédiaire du gouvernement Français, une indemnité de neuf cent mille francs. Cette indemnité, que la France était prête à revendiquer par les armes, fut l'objet de lentes négociations, pendant lesquelles les Hovas envoyèrent à Paris une députation dans l'espoir d'arriver à éteindre notre réclamation, puis, en 1864, au mois de juillet, après avoir renversé son premier ministre à la suite d'un kabar, la reine écrivit à l'empereur Napoléon III pour lui demander une réduction sur l'indemnité, en lui faisant savoir qu'elle était disposée à étudier, avec la France, un nouveau traité de commerce.

L'empereur répondit lui-même à cette lettre, et insista sur le règlement intégral et immédiat de nos prétentions.

Après l'échange d'une deuxième correspondance, et sur les instances de notre consul, M. Laborde, la reine finit enfin par s'exécuter, tout en ajournant encore le paiement jusqu'en 1866, sous des raisons fallacieuses. Cette somme servit à la liquidation de la Compagnie de Madagascar.

Le 1ᵉʳ avril 1868, la reine Rasoaherina mourut, et fut remplacée par sa cousine Ramona, qui lui succéda sous le nom de Ranavalo II.

Cette dernière consentit à signer avec nous un traité, le 4 août 1868, qui, à peine en vigueur, fut littéralement foulé aux pieds.

Dans ce traité, le gouvernement de Madagascar autorisait les Français à acquérir des immeubles, et à les exploiter, puis dans une loi que l'on fit aussitôt, le gouvernement Hova défendit à tous ses sujets, sous peine de dix ans de fers, de vendre des propriétés aux étrangers.

A partir de ce moment, et en raison directe

des tentatives d'empiètement des missionnaires anglais près du gouvernement Hova, on commença, contre la France, une série de menées sourdes et successives, qui nous amenèrent, jusqu'en 1871, où le récit de nos désastres avec l'Allemagne ne fit qu'aggraver notre situation vis-à-vis du gouvernement de Madagascar, qui ne se crut plus obligé à aucun traité envers nous.

M. Laborde, notre consul à Tananarive, qui avait tant fait pour la France et pour la civilisation malgache, mourut en 1878, laissant une fortune très importante en propriétés.

Le gouvernement Hova refusa catégoriquement de remettre aux héritiers de M. Laborde, qui étaient ses neveux, MM. Edouard Laborde et Campan, la succession qui leur appartenait.

L'importance de cette succession est estimée environ à un million de francs.

M. Cassas vint, en 1879, comme consul et commissaire de la république à Madagascar ; en présence des abus et injustices commis contre les Français, ses premiers soins furent, naturellement, de réclamer contre une façon de faire si peu correcte vis-à-vis d'une grande nation.

Cette réclamation, si fondée, était complétement inutile, car les Hovas savaient parfaitement que dans l'état expectatif où nous nous trouvions à la suite de nos défaites, la Métropole ne consentirait jamais en ce moment, à une intervention armée contre Madagascar.

Donc, les Hovas, malgré les demandes énergiques de notre consul, étaient rassurés complétement sur l'impunité de leurs injustices, d'autant plus qu'ils se sentaient soutenus dans cette idée par l'élément anglais, qui, en combattant constamment l'esprit français, n'était certainement pas étranger aux événements actuels.

En résumé, notre influence près du gouvernement malgache était presque nul, malgré la parole énergique de M. Cassas, qui avait su prendre la position convenant à un représentant d'un grand pays.

Peu à peu, les relations s'envenimèrent, et, devant toutes sortes d'avanies du gouvernement hova, M. Cassas se vit obligé de quitter Tananarive pour se rendre provisoirement à Tamatave. Dans ces circonstances, la France se contenta de donner un successeur à M. Cassas, et, vers le mois d'avril 1881, M. Meyer le remplaça.

M. Meyer sut, dans peu de mois, se créer à Tananarive une situation supérieure à son prédécesseur, et il était arrivé à obtenir une influence qui faisait espérer une solution favorable à nos droits. Malheureusement, après trois mois de gérance, il fut nommé consul à Singapour.

Ce changement, qui anéantissait d'un seul coup tout le travail de M. Meyer, a été certainement une faute très grave de la part de la France.

Les actes de M. Meyer, qui nous avaient déjà donné une partie de notre légitime influence, semblaient devoir se terminer par des résultats excellents pour nos nationaux.

Pendant que la France avait décidé le départ de notre consul, M. Meyer, et qu'elle perdait ainsi, par une simple décision, tous les travaux de ce dernier, l'Angleterre cherchait à se consolider plus sérieusement encore près du gouvernement Hova, et envoyait une mission officielle composée de l'amiral Gores, Jones, Pakenham, et quatre officiers avec toute leur suite.

M. Beaudais, ancien lieutenant de vaisseau, fut nommé en remplacement de M. Meyer ; dans ses premiers actes, il demanda au ministre des affaires étrangères de France d'exiger l'abrogation des articles de la loi malgache, ayant rapports aux droits de propriété des étrangers, la reconnaissance de nos droits sur la côte Nord-Ouest, et enfin le règlement de la succession Laborde, dont le gouvernement Hova s'était emparé prétendant que les terres ne pouvaient appartenir à des étrangers.

Ces articles défendaient aux étrangers de posséder, ce qui était tout à fait contraire à un traité entre nations civilisés, et ils visaient purement et simplement la suppression des Français à Madagascar. Cette loi était insoutenable de la part des Hovas, et il était du devoir de la France de ne pas s'y prêter.

Aussi, notre gouvernement décida de suite

qu'il fallait soutenir avec résolution nos droits sur la grande île africaine, et l'application intégrale de nos anciens traités conclus avec les Sakalaves à la côte Ouest.

Malgré notre attitude énergique, les Hovas, certainement poussés par l'élément anglais, se refusèrent complètement à enlever leur pavillon sur la côte Ouest, où, malgré nos droits de possession incontestables, ils avaient fini par s'implanter.

En mars 1882, le commandant Le Timbre, sur le rapport du lieutenant de vaisseau Campistro, commandant *la Pique*, était informé à Zanzibar, où il se trouvait, du départ de notre consul, M. Beaudais, pour Tamatave, des menaces que l'on proférait contre les Français à Tananarive, et des agissements des Hovas près des chefs Sakalaves pour les déterminer à abandonner notre protectorat, et accepter la domination de la reine Ranavalo.

Les Hovas étaient parvenus, dans deux villages de la baie de Passandava, en face de notre colonie de Nossi-bé, à planter leur pavillon. De là, en continuation de leurs exploits, ils allèrent chez les Antankares, avec l'intention bien arrêtée de prendre possession de nos îles de Nossi-Faly et de Nossi-Mitsiou. gouvernées par le roi Tsimiharo.

Le commandant Le Timbre, après s'être mis en correspondance avec son ministre par le télégraphe, se rendit à Nossi-bé pour rejoindre les autres navires de la station ; puis, avec *le Forfait*, *l'Adonis* et *la Pique*, il vint au secours de notre sujet, le roi Tsimiharo, qui avait pu, en l'attente de nos forces, rejeter les propositions des Hovas.

Le commandant Le Timbre se rendit ensuite à Mazanga, où il put s'assurer que l'idée des Hovas était de soumettre toutes les tribus de la côte Ouest, puis, il alla à Tamatave, où il mouilla en rade le 5 mai 1882. Là, il trouva dès lettres de notre consul français à Tananarive, M. Beaudais, qui le mettait également au courant des projets des Hovas.

M. Le Timbre se décida alors à se rendre à la batterie des Hovas pour protester contre leurs tentatives d'envahissement, et déclarer que la France considérait sans valeur les drapeaux qu'ils avaient apposés sur nos concessions de la côte Est.

Comme il était question que l'unique bateau de la reine Ranavalo, *l'Antananariva*, qui était en rade de Tamatave, devait transporter des troupes à Mazanga, M. le commandant Le Timbre déclara également qu'il s'opposerait à tout débarquement de troupes sur n'importe quel point des côtes, puis il se rendit, avec ses navires, à Bourbon, pour se ravitailler.

Pendant tous ces pourparlers aigres doux, la population malgache, excitée sans doute par les missionnaires anglicans, devint si menaçante pour les Français, que notre consul à Tananarive se vit forcé de suivre l'exemple de M. Cassas, et de revenir à Tamatave, où il arriva le 29 mai 1882, laissant son chancelier, M. Campan, à la capitale. Le contre-amiral Le Timbre après s'être ravitaillé à l'île de la Réunion revint à Tamatave le 11 juin, où il rencontra naturellement notre consul, M. Baudais.

Au retour à Tamatave de M. Le Timbre, on disait ouvertement, dans tout Madagascar, que les Hovas n'avaient rien à craindre des Français, et que, quoi qu'ils fassent, la flotte, sur l'ordre qu'elle avait reçu de France, n'emploierait jamais ses canons. Aussi, *l'Antananariva* continuait à faire, sous nos yeux, des approvisionnements importants.

M. Beaudais, d'accord avec le commandant Le Timbre, déclara à nouveau qu'il était décidé à mettre l'embargo sur le navire malgache à la moindre tentative de débarquement, puis M. Le Timbre se rendit à Nossi-bé avec *le Forfait*, prit avec lui le commandant Seignac Lesseps, et tous deux se rendirent dans la baie de Passandava, pour enlever les pavillons que les Hovas avaient plantés.

La grande difficulté était de procéder sans employer les armes, le ministre ayant donné des ordres formels à ce sujet.

Le Forfait mouilla le 16 juin dans la baie de Passandava, en rade du village d'Ampassimiène, partie concédée à la France ; le lendemain, MM. Le Timbre et Seignac Lesseps se rendirent à terre sans aucune arme, et se dirigèrent droit sur le pavillon que les Hovas avaient planté. Ils ne rencontrèrent aucune résistance, le drapeau fut enlevé par M. Le Timbre, et, après l'arrivée de quelques charpentiers marins, devant la population, le mât fut abattu et coupé en morceaux.

Ce travail terminé, *le Forfait* se rendit à l'embouchure de la rivière de Sambirano. MM. Le Timbre et Seignac Lesseps remontèrent cette rivière en canot pour atteindre le village de Behamaranga, placé de 4 à 5 milles de la mer, et qui était également ornementé du drapeau de la reine Ranavalo.

L'enlèvement du pavillon eut lieu de la même manière qu'à Ampassimiène.

Il est, je crois, inutile de dire que ces événements produisirent un grand effet à Tananarive, et, devant notre attitude énergique, les Hovas n'osèrent pas remplacer leurs drapeaux, mais ils travaillaient dans l'espoir de venger l'affront qu'ils venaient de subir.

Le gouvernement Hova, à la suite de la double retraite de nos consuls, commença à voir que la France ne laisserait pas passer ainsi ces insultes, et songea à prendre ses précautions. Le 24 mai, il distribua aux soldats de la garde 2,500 fusils Remington.

Le 31 mai, un journal publié à Tananarive, le *Madagascar Times*, publia des articles insolents, sous le couvert d'un ex-anglican, qui a, du reste, accompagné une mission malgache dont nous allons parler.

Ces articles étaient payés par le gouvernement hova, cela était connu de tous.

Le 6 juin, une affiche menaçant de mort M. Campan, chancelier de France à Tananarive, était affichée sur la maison même du consul ; ce placard était signé les « Cent mille hommes », c'est-à-dire l'armée.

Cette pièce provoqua un rassemblement considérable, et, finalement, après un échange de lettres, le ministre des affaires étrangères hova fit des excuses au chancelier, et ordonna d'enlever l'affiche ; puis, la reine sanctionna la conduite du premier ministre, et fit une proclamation se déclarant en parfait accord avec tous les gouvernements européens.

Le 11 juin, un exaspéré, que le gouvernement fit passer pour fou, menaça de mort tous les Français, et maltraita un père Jésuite. Devant des faits aussi graves, le 25 juin, M. Campan réunit tous les Français, et, après avoir relaté que le pavillon de la France avait été insulté, il annonça son départ, fixé le jour même pour Tamatave; réellement, sa position était intenable.

Il conseilla, en même temps, à tous ses nationaux de le suivre, et, sur la réponse d'un Français, M. Suberbie, qui expliqua que cette mesure lui paraissait prématurée, qu'elle occasionnerait une grande émotion et qu'elle équivaudrait à une déclaration de guerre, les colons décidèrent unanimement de ne pas sacrifier leurs intérêts, et d'ajourner tout départ.

Aussitôt M. Campan en route, le soir même du jour où il quittait Tanatarive, un incendie était allumé près de la principale maison française.

Le 3 juillet 1882, on apprit que le contre-amiral Le Timbre avait supprimé les pavillons de la côte Nord-Ouest, bien qu'on le cachât au peuple.

Le 6 juillet 1882, le premier ministre vint visiter M. Suberbie pour lui demander si son idée d'envoyer une mission hova en France aurait chance de succès. La réponse fut naturellement affirmative, sous la réserve que l'intention d'en terminer amiablement serait sincère, et que pleins pouvoirs seraient accordés aux ambassadeurs. Cette communication entre un Français et le premier ministre rendit furieux les missionnaires et commerçants anglais. Néanmoins, dans la nuit du 15 au 16 juillet, le départ de l'ambassade hova était décidé, mais son insuccès était certain, car le premier ministre lui avait donné l'ordre de ne rien céder sur la côte Nord-Ouest. L'échec de l'ambassade, le premier ministre la prévoyait fort bien, mais on pense qu'il espérait ainsi compromettre devant le peuple un des envoyés.

Le 20 juillet eut lieu le départ de l'ambassade au milieu des honneurs, et, chose à noter, les envoyés avaient, avant leur départ, dressé leur testament, comme s'ils allaient se rendre au milieu d'un peuple où leur vie pouvait être menacée.

Le 5 août, la reine tomba malade, et on se préoccupait de lui trouver un successeur; il était déjà question d'une de ses nièces.

Tout respirait l'intrigue à Tananarive, des bruits stupides circulaient, et les insultes des feuilles britanniques se succédaient contre la France. Ces insultes étaient lancées, en majeure partie, par les conseillers anglais, et le premier ministre comptait ouvertement, en ce moment, sur l'Angleterre pour une action contre la France.

Le 9 août, un journal anglais, le *Tenisoa*, annonçait mensongèrement que M. Baudais, notre consul, avait rompu sans instructions, puis, au même moment on reçut la nouvelle des massacres des Européens en Egypte. Cette nouvelle produisit un fort mauvais effet, car elle montrait que l'on pouvait impunément attenter à la vie des Européens.

Les hésitations prolongées de la France commençaient à faire croire qu'elle n'entrerait pas en action contre les Hovas ; et ce qui faisait espérer un arrangement, c'est que le 20 octobre, MM. Baudais et Le Timbre levèrent l'embargo qu'ils avaient appliqué au navire malgache, *l'Antanarivo*.

Ce fut vers cette époque que deux voyageurs américains, accompagnés d'un créole Français, débarquèrent à Tulear, dans la baie de Saint-Augustin, où ils furent pillés et massacrés en se dirigeant vers l'intérieur.

Pendant ces diverses tergiversations, l'ambassade malgache arriva à Paris, en octobre 1882.

Madagascar m'intéressait particulièrement, non seulement au point de vue des études particulières que je lui ai consacrées, mais surtout au point de vue patriotique ; sur l'invitation d'un des ambassadeurs, Marc Rabibisoa, je n'hésitai pas à me rendre près d'eux à Paris. Ils me reçurent au Grand-Hôtel, où ils étaient descendus.

Ma visite eut lieu le 22 octobre 1882, au moment même où ils étaient, disaient-ils, occupés à dresser un rapport que le gouvernement français leur avait demandé sur leurs prétentions.

La réception fut très affectueuse, et, après avoir parlé longuement de nos amis communs habitant Madagascar, j'ai tenté d'aborder la question politique et à sonder leurs intentions.

Après une longue discussion pendant laquelle je cherchais à leur faire sentir combien leurs volontés étaient en dehors de tout usage entre nations, je vis fort bien que ces gens avaient reçu des ordres formels de ne rien céder.

Nous voulons bien, m'ont-ils dit, que les Français acquièrent des biens à Madagascar, mais, après leur mort, il faut que ces biens retournent à la reine. Désirant leur faire comprendre le mal fondé de pareilles prétentions, je leur expliquai qu'actuellement, aujourd'hui même, ils pouvaient acheter et posséder à Paris, dans toute la France, trafiquer à leur convenance, tester comme bon leur semblait, et que, naturellement, ces droits que tout homme noir ou blanc trouvait au milieu de toutes les nations civilisées, devaient être réciproques, et exister à Madagascar pour les Français comme ils existent en France pour les Malgaches.

Devant le bien fondé de cet exemple et la clarté de ce raisonnement, ils firent semblant de ne pas comprendre; puis, notre entretien se termina par ces paroles des ambassadeurs :

« Le gouvernement français exige le protectorat de l'île, à cela nous nous y opposons absolument; il est possible que la France, plus forte que nous, en armes et en soldats, puisse nous y contraindre par la force, mais nous lui ferons une guerre sans quartier, préférant tous périr que de consentir à l'anéantissement du droit de tout peuple...., d'être libre et maître chez soi. ... »

Après ces paroles, je quittai les ambassadeurs... Marc Rabibisoa me reconduisit jusqu'à l'escalier, tout en parlementant encore, et, après lui avoir expliqué combien Madagascar avait tout à gagner de notre protectorat, qui ferait certainement de cette île une terre habitable et civilisée, et, lui avoir aussi signalé leurs conseillers comme étant leurs plus grands ennemis, je serrai une dernière fois la main à Marc Rabibisoa.

Mes paroles n'empêchèrent pas les ambassadeurs, après la rupture de leurs négociations avec la France, d'aller demander à l'Angleterre la protection qu'ils se croyaient certains de trouver, et que les nationaux anglais de Madagascar avaient dû faire miroiter à leurs yeux.

Leur arrivée à Londres fut le signal de banquets et de fêtes auxquels ils n'étaient certainement pas habitués à Tananarive, mais, s'ils ont vu de belles choses, bien bu, bien mangé, et entendu beaucoup de mal des Français, ils ont pu également constater combien la perfide Albion savait promettre et peu tenir.

Sans solutions palpables de la part des Anglais, les ambassadeurs cherchèrent des appuis en Allemagne et en Amérique, où ils se sont sans doute aperçus que la question malgache était secondaire et qu'elle intéressait peu ces nations.

Pendant ces pourparlers, en décembre 1883, les Français habitant Tananarive sentaient déjà que la guerre était inévitable entre le gouvernement malgache et la France, cette dernière étant plus que jamais décidée à faire valoir ses droits.

Elle aurait, du reste, commis une faute immense d'abandonner l'occasion de revendiquer l'entière possession de Madagascar. Ce pays, qui est appelé à devenir une de nos premières colonies, excite, depuis de longues années, la convoitise des Anglais, et, en nous échappant, il deviendrait leur proie.

Car, il est une chose incontestable, ce pays

a une valeur immense comme politique, commerce, industrie, agriculture, mines et forêts, et l'Inde anglaise n'est pas au-dessus de Madagascar comme sol et position.

Les Anglais le savent fort bien, aussi est-il nécessaire d'avoir, dans la mer des Indes, nous, grande nation maritime, une nouvelle France balançant leur pouvoir ; et c'est pourquoi il est nécessaire d'en poursuivre l'annexion sans céder quoi que ce soit.

Pendant le départ des ambassadeurs, les Hovas ne restaient pas inactifs, ils envoyaient beaucoup de troupes à la côte Ouest, et travaillaient très activement, à Tananarive, à la fabrication des poudres, sagaïes, haches, réparations de fusils ; tout cela encouragé et guidé par les Anglais.

Cette façon d'agir confirmait complètement les dernières paroles que j'avais entendues des ambassadeurs à Paris, et, devant ces préparatifs, il était certain que les Hovas étaient complètement décidés à ne rien céder, et à vouloir se mesurer avec nous.

Tsimiharo, roi d'Ankaratra, de Nossi-Mitsiou et de Nossi-Faly venant à mourir, le gouverneur de Nossi-bé, commença par prendre possession de ces deux dernières îles au nom de la France, ce fut le commencement des hostilités...

Le 25 décembre 1882, la nouvelle de l'échec de l'ambassade malgache près du gouvernement français parvint à Tananarive, la situation devint alors plus grave, et jusqu'au 20 janvier 1883, les Français de Tananarive traversèrent une crise terrible pendant laquelle les indigènes étaient dans une surexcitation extrême, et parlaient de tout massacrer.

La situation était devenue si tendue pour nos nationaux, que le premier ministre fit convoquer tous les étrangers en son Palais, le 3 janvier, pour leur tenir ce discours :

« Messieurs, par suite des difficultés survenues entre le gouvernement français et nous, l'état des esprits est arrivé à un point de surexcitation s'aggravant tous les jours, aussi, permettez-moi de vous conseiller de ne pas aller dans les campagnes environnantes, car les gens de la campagne, exagérant certainement l'état des choses, il pourrait se

trouver quelques mauvais sujets qui vous fissent du mal.

« J'ai donné des ordres formels afin d'éviter tout tumulte, mais, néanmoins, je vous conseille de rester en ville, où nous possédons une bonne police, à même de vous garantir contre les moindres attaques. »

Un Français répondit à ces paroles au nom de ses compatriotes, en déclarant qu'ils vivaient à Tananarive sur la foi des traités, et qu'ils comptaient, comme par le passé, être sous la protection de la reine et du premier ministre, et, par conséquent, qu'ils pensaient être efficacement protégés.

Ces fermes paroles produisirent une émotion fort vive, d'autant plus qu'elles furent appuyées par le Père de Lavaissière, au nom de la mission des Jésuites.

La sage communication du premier ministre, au lieu de calmer les esprits, ne fit que l'aggraver. Les missionnaires anglais, très inquiets, firent rentrer leurs collègues des campagnes et tous les étrangers étaient sous le coup de la plus grande frayeur, car le premier ministre leur avait aussi dit que les indigènes ne sauraient faire aucune distinction entre les Français et les blancs des autres nations.

De peur de méprise, les Anglais et Norwégiens habitant la capitale malgache, provoquèrent une grande réunion dans une de leur église, où tous les indigènes furent convoqués.

Dans cette réunion, la France fut accusée de toutes les infamies, et les Européens prièrent les indigènes de les distinguer des Français, enfin, MM. Dalle, norwégien, et Brigts, missionnaire anglais, finirent par se lever et demandèrent des armes pour se battre contre nous.

Le 12 janvier, des accusations circulaient à Tananarive sur un des ambassadeurs malgaches venu à Paris, qui était, disait-on, sympathique, aux Français. Ces bruits émanaient de certains agents de Londres. Tous ces agissements anglais, se succèdaient; la fabrication des sagaïes, haches, poudre, fusils à pierre, marchaient bon train; on supposait un chiffre de 60,000 sagaies et 4,000 haches, etc., etc.

Le 25 janvier, les consuls étrangers envoyèrent une note au premier ministre, le rendant responsable de tous les événements ; cette protestation parvint à faire cesser, momentanément, ces agitations.

Pendant ce temps, la France ne restait pas inactive, et, si les armements malgaches continuaient toujours, de notre côté, notre attitude devenait de plus en plus énergique.

Les affaires de Madagascar prenant une certaine importance, le gouvernement français décida de remplacer la station par une division navale, sous les ordres du contre-amiral Pierre, qui reçut de son ministre l'ordre de chasser les Hovas dans tout le Nord, sur les côtes, depuis la baie d'Antongil jusqu'à Mazanga.

Il devait se rendre directement à Zanzibar pour recevoir les dernières instructions du ministre. M. Beaudais recevait, d'un autre côté, l'ordre de rejoindre le contre-amiral à Zanzibar.

Le 15 février, le contre-amiral Pierre, partait de Toulon pour Zanzibar sur *la Flore*, et recevait, à Zanzibar, l'ordre de faire disparaître par la force, sur la côte Ouest, tous les postes Hovas que ces derniers avaient établis, contrairement à nos traités, et d'aller ensuite à Tamatave sur la côte Est.

Vers le 4 mars, un Anglais, nommé Cameron, se disant reporter du *Standard*, arriva à la capitale. Ce personnage, soutenu par les missionnaires anglais, et, en un mot, par tous les éléments hostiles à la France, n'était, on le suppose, qu'un agent de son gouvernement venant négocier avec le premier ministre, dans le but, sans doute, d'établir entre l'Angleterre et Madagascar une sorte de protectorat qui devait enlever subitement Madagascar à l'action de la France.

Le premier ministre ne se laissa pas prendre aux belles paroles de cet envoyé, d'autant plus que la reculade anglaise devant les ambassadeurs malgaches à Londres, lui avait permis de connaître ses soi-disant alliés.

Un Français, M. Suberbie qui représentait l'élément français, depuis le départ du Consul et de son Chancelier, était du reste là pour intervenir près du premier ministre, et le conjurer de ne rien accorder aux Anglais, et de ne pas se lancer dans une nouvelle aventure qui ne ferait qu'aggraver le conflit entre la France et Madagascar, et concourir à la perte de la nation hova.

A la suite des pourparlers engagés par M. Suberbie avec le premier ministre. Ce dernier, avec l'approbation de la reine, décida de ne rien accorder aux Anglais, et donna, pour en terminer, une audience de congé à M. Cameron. Ce fut alors que le premier ministre eut l'idée d'écrire directement une lettre au président de la République, à une époque qui était fixée après l'arrivée du courrier d'Europe.

Cette démarche ne fut pas faite près du gouvernement français à la nouvelle du bombardement livré par la flotte sur la côte Ouest.

En effet le 16 mai 1883, le contre-amiral Pierre s'emparait de Mazanga, chassant deux mille Hovas qui s'y étaient fortifiés et après avoir pris le lieu et place des Hovas, il se consolida dans la ville par de nouveaux travaux de défense.

Voici l'ordre du jour de ce brillant fait d'armes ;

Flore, Mazanga, 22 mai 1883.

« Officiers et marins,

« Par la supériorité de vos armes, vous avez, en huit jours, chassé les Hovas de leurs garnisons et détruit toutes leurs possessions sur la côte Nord-Ouest de Madagascar. Vous leur avez enlevé le fort et la place de Mazanga, où flotte désormais le pavillon de l'occupation française.

« Je félicite avec plaisir les canonniers de leur adresse, le corps de débarquement de sa fermeté, tout le monde du zèle et de la constance déployés dans les travaux, et les fatigues des opérations accessoires.

« Vous ferez de même à la côte Est, si l'obstination du gouvernement hova persiste à nous refuser la juste satisfaction qu'il nous doit.

« Si l'on osait plus longtemps se jouer des traités et méconnaître les droits de la France, vous saurez les faire respecter par la force.

« Officiers, marins et soldats du corps d'occupation,

« La division navale a planté le drapeau de la France à Mazanga, j'en confie la garde à votre valeur et à votre discipline.

« A votre discipline surtout, qui constitue la supériorité de l'Européen, et par laquelle soixante soldats français, s'ils savent obéir, peuvent attendre de pied ferme quelques masses de Hovas que ce soit, dans la position où vous êtes retranchés, et les exterminer, si elles osaient approcher de nos murailles.

« Le commandant Gaillard, à votre tête, double votre force.

« Le présent ordre du jour sera lu aux équipages et affiché à bord de chaque navire ainsi qu'au fort. »

Le contre-amiral commandant en chef,

Pierre.

La nouvelle de la prise de Mazanga par les Français arriva, à Tananarive, le 24 mai ; le 25 au matin, dès huit heures, un Anglais, M. Parrett, se rendit au Palais, les poches de son filanjana garnies d'une foule de paperasses pour conférer avec le premier ministre, et pour vaincre l'énergie qu'il avait montrée avec M. Cameron.

Le premier ministre convoqua immédiatement son Parlement, où il régna le plus grand tumulte, et quelques membres s'offrirent pour aller sur l'heure massacrer les Français habitant la capitale. Ces propositions furent, il faut en rendre justice, fort mal accueillies par le chef de l'Etat, qui déclara tuer de sa main quiconque toucherait aux Français.

Puis, après avoir consulté la reine, et sur la délibération de ses conseils, il annonça que les traités avec la France étaient déchirés par le fait du bombardement de Mazanga, et que les Français seraient, dès ce jour, expulsés.

Cet ordre d'expulsion fut signifié le même jour à 6 heures du soir pour tous les français, à M. Suberbie.

Il convient de laisser pour un moment nos nationaux de Tananarive, pour suivre nos opérations navales sur les côtes.

Après s'être consolidé à Mazanga, l'amiral Pierre se rendit à Tamatave, où un ultimatum fut envoyé à la reine, dans lequel on lui demandait de reconnaître nos droits sur l'île,

Vue générale de Tananarive.
1 Palais du premier Ministre. — 2 Cathédrale des Jésuites — 3 Palais de la Reine.

et de donner entière satisfactions aux héritiers de M. Laborde, faute de quoi Tamatave serait bombardé et pris.

La réponse négative étant arrivée, le 9 juin au soir, le lendemain matin, les navires de guerre français, *la Flore, la Creuse, la Nièvre, le Beautemps-Beaupré, le Boursaint* et *le Forfait* commencèrent à ouvrir le feu pendant toute la journée du 10 juin, mettant en fuite les Hovas, et les chassant de leur camp retranché.

Le lendemain, huit cents soldats et marins débarquèrent pour occuper le fort, ce qui fut exécuté sans aucune résistance.

Après la prise de cette place, la plus importante de la côte Est, le contre-amiral adressa aux troupes les paroles suivantes :

Ordre du jour :

Flore, Tamatave, le 14 juin.

« Officiers, équipages et soldats,

« Un arrogant ennemi avait osé défier nos armes, en refusant à la France les plus légitimes satisfactions.

« Dans l'espace d'un mois, vous avez pris et détruit tous les établissements hovas sur le littoral des deux côtes de Madagascar.

« Vous occupez Tamatave et Mazanga, sources principales de la prospérité commerciale et financière de l'ennemi, et vous vous y maintiendrez contre toute attaque.

« Ces résultats sont dus à l'activité de la division navale. Je l'en félicite.

« Il reste à chasser l'ennemi de quelques retraites où il s'est retranché à l'intérieur des terres. Vous saurez l'y atteindre.

« *La Creuse,* qui n'est restée avec nous que quelques jours, nous laissera le souvenir de sa promptitude à surmonter toutes les difficultés. Pour nous faire part de toutes ses ressources, elle a dignement occupé sa place au feu, témoignant ainsi que c'est à la manière de servir qu'on reconnaît le véritable bâtiment de guerre, et non pas à la coque.

« De nombreux militaires, passagers sur ce transport et ayant accompli leur temps de service colonial, se sont proposés pour renforcer les garnisons de l'occupation, en renonçant à leur retour en France.

« Honneur aux braves soldats qui font volontairement ce sacrifice au drapeau de la patrie.

« *La Nièvre* a rivalisé d'ardeur avec la division navale.

« Officiers, équipages et soldats, au nom de la France, dont vous soutenez les droits, je vous remercie tous. »

Le contre-amiral commandant en chef,

PIERRE.

Tamatave et Mazanga sont actuellement des villes où on a établi une administration française, et, depuis le moment de la prise de ces places, les Hovas essayèrent seulement quelques attaques de nuit, qui ont toujours été vigoureusement repoussées.

Pendant ces graves événements, on était, sur les côtes, sans nouvelles des Français de Tananarive, que l'on avait si indignement chassés.

Aussitôt le reçu de l'ordre d'expulsion, nos nationaux avaient commencé leurs préparatifs de départ, le délai donné pour se mettre en route était, du reste, fort court; soit quatre jours seulement.

Ils se groupèrent dans le malheur, et, par l'intermédiaire d'un d'entre eux, on écrivit au premier ministre pour demander des porteurs au tarif ordinaire, réclamer une escorte nécessaire pour la sûreté générale de la route, et enfin des ordres pour les mesures de sûreté que le gouvernement malgache pensait devoir faire prendre pour garder les immeubles et marchandises que les exilés se voyaient forcés d'abandonner.

A cette lettre il fut répondu qu'il était facile de se procurer des porteurs à gage sans l'intermédiaire du gouvernement, et que, suivant la supplique, une escorte serait envoyée pour conduire la petite colonne jusqu'à la mer .... Quant aux immeubles et marchandises, il n'en fut pas question.

Divers membres de la mission des Jésuites, étant d'origine non française, essayèrent de bénéficier de leur première nationalité; ils se rendirent, à cet effet, près du premier ministre, qui refusa purement et simplement de recevoir leur demande.

Village indigène sur la route de Tamatave à Tananarive.

Afin de créer des ennuis aux Français, et pour être plus certain de leur faire exécuter le voyage de Tananarive à Tamatave à pied, certaines notabilités hovas avaient défendu, depuis l'ordre d'expulsion, à tous les esclaves de porter les exilés et leurs bagages, ce qui mettait naturellement nos nationaux, malgré leurs recherches, dans l'impossibilité de trouver des porteurs. Nécessairement, l'heure du départ approchait sans pouvoir trouver les hommes indispensables. Sans espoir d'un résultat favorable, le 29 mai, une première bande, composée de quelques personnes, se mit en marche à pied. Elle quitta Tananarive au milieu d'injures qui lui étaient adressées par les enfants suivant les cours des missionnaires anglicans.

Cette bande avait déjà exécuté son étape, quand, sur un revirement subit des chefs hovas, le premier ministre envoya des émissaires pour suspendre la marche des personnes en route, afin de leur donner des porteurs.

Le changement du premier ministre ne pouvait faire disparaître le mauvais vouloir des indigènes, et, toujours sous le coup des menaces de leurs maîtres, les esclaves ne pouvaient se décider à marcher.

Les exilés étaient 92, et il fallait, avec le transport des personnes, vivres et effets, environ 900 porteurs.

Ce chiffre peu ordinaire, en supposant que l'on puisse le trouver, devait nécessairement établir des exigences, et tout faisait supposer que la route ne pourrait s'exécuter autrement qu'à pied.

Le mardi au soir, environ 100 porteurs sur 900 s'étaient présentés, et encore le bruit circulait qu'ils devraient abandonner les voyageurs à Marahomby, à plusieurs journées de Tamatave.... Ce n'est que le lendemain matin, mercredi, quelques instants avant le départ des Français, que l'escorte de soldats promis par le gouvernement, et de nouveaux porteurs se présentèrent, permettant à la majeure partie de la colonne de se faire transporter ; je dis la majeure partie, car, faute d'hommes, les pères Jésuites se mettaient en route à pied.

A peine avait-on quitté Tananarive, que les bagages des Français furent pillés en partie par la bande des porteurs, de plus nos nationaux se virent insultés par les soldats que leurs chefs avaient excités contre nous. Mieux que cela, certains membres de la mission catholique furent non seulement insultés, mais frappés.

C'est dans ces conditions que les Français arrivèrent vers 4 heures du soir au village d'Ambohimalaza, où ils retrouvèrent ceux qui étaient partis la veille.

La journée du lendemain, jeudi 31 mai, se passa à mettre de l'ordre dans les bagages et à faire la constatation des objets volés, on reconnut particulièrement un manque d'environ 10,000 francs, appartenant aux pères Jésuites, dont 6,375 francs en argent. Les voyageurs écrivirent aussitôt une lettre au gouvernement hova pour l'avertir de cette disparition, et de la façon dont on se comportait envers les Français.

Le 2 juin, après avoir fait une étape la veille, certains porteurs étant disparus, la colonne se vit forcée de se mettre en route à pied, gardant le reste des porteurs pour le transport des bagages, et espérant par la suite, en rencontrer d'autres pour les filanjanas, mais, ce n'est qu'après trois jours de marche pénible que son espoir fut exaucé.

Les Français étaient devancés par environ 1,500 Hovas armés, qui étaient fort peu pressés d'aller à Tamatave, où l'on devait se battre; aussi mettaient-ils toute la lenteur possible dans leur marche. Ils barraient le passage et ne servaient, en quelque sorte, qu'à créer des embarras en épuisant les provisions que l'on pensait trouver en route. Enfin, le 12 juin, les Français étaient arrivés à quatre lieues d'Andevourante, quand les porteurs exigèrent d'être soldés. A peine étaient-ils payés, qu'ils refusèrent, en majeure partie, d'aller plus loin, et ce n'est qu'à force d'argent qu'il fut possible, parfois marchant, parfois prenant des pirogues, d'arriver à Ivondrou, d'où un Français de mes amis, marcheur intrépide, Cadière, se rendit à Tamatave pour prévenir les soldats Français de l'arrivée des exilés à Ivondrou.

Il fallut tout le courage français pour surmonter les privations et les fatigues d'une marche qui dura près de vingt-cinq jours, et ce laps de temps, relativement énorme pendant lequel on était à Tamatave sans nouvelles de nos compatriotes, au nombre de 92, faisait présumer qu'ils avaient été écharpés; aussi, est-ce avec bonheur que les troupes purent, après l'arrivée du messager Cadière, les recevoir exténués de fatigue à Ivondrou, où un détachement de *la Flore* de 200 hommes, avec deux pièces de canon, put s'avancer sous le commandement du capitaine Maigrot.

Comme on le pense, dans leur parcours, les exilés avaient subi toute espèce de provocations de l'armée indigène, qui encombrait entièrement les sentiers.

Et ce fut grâce à l'énergie de M. Suberbie, Français plein de courage et de force, si ces provocations ne se sont pas changées en voies de fait, comme au premier jour du départ des pères Jésuites.

Comme juste récompense, à la suite de ces actes, M. Suberbie fut nommé chevalier de la Légion d'honneur, et Cadière se vit citer à l'ordre du jour par l'amiral Pierre.

Après l'arrivée, à Tamatave, des Français

de Tananarive, le contre-amiral Pierre fit lire l'ordre du jour dont ci-'essous un extrait :
« L'amiral félicite le détachement d'infanterie de marine et de marins de *la Flore*, qui, dans la journée du 21 juin, s'est avancé, avec quelques citoyens Français dévoués, jusqu'à Ivondrou, pour recueillir les Français expulsés de Tananarive, au nombre de quatre-vingt-dix, et les a ramenés, sains et saufs, à Tamatave. »

Depuis la prise de Tamatave, la patriotique île de la Réunion a formé un corps de volontaires pour Madagascar. Ce corps, composé de deux compagnies comptant ensemble deux cent quatre-vingt-six hommes, rend, actuellement, de grands services à Madagascar, aidant nos soldats dans un service trop important, relativement au peu de troupes engagées.

Le contre-amiral Pierre étant attaqué d'une maladie mortelle, qui le minait depuis de longues années, dans l'impossibilité la plus complète de continuer son commandement qu'il exerçait du reste de son lit dans les derniers temps, fut autorisé à revenir en France où il mourut à la fin de sa traversée, en quarantaine près Marseille. L'amiral Galiber fut chargé de remplacer le contre-amiral Pierre, et ne resta pas en arrière des hauts faits de ce dernier pour soutenir l'honneur de notre drapeau.

La flotte française, sous ses ordres, et, en attendant des renforts pour se rendre, sans doute, à Tananarive, bombarde simultanément les villages des côtes, où elle détruit les travaux de défense des Hovas, qui s'enfuient systématiquement aussitôt qu'ils aperçoivent nos vaisseaux.

Actuellement, à Madagascar notre situation est à peu près la même que lors des premiers jours de l'occupation de Mazanga et Tamatave, et nous nous contentons momentanément à occuper ces points sans pousser plus loin nos armes.

Le gouvernement français attendait sans doute la fin de notre guerre avec le Tonkin pour amener à Madagascar une partie de nos forces, en ce moment dans les mers de la Chine, et cela pour permettre à nos soldats de monter jusqu'à Tananarive.

C'est là mon espoir, car, dans l'intérêt

de la France, il faut, à tout prix, nous emparer du pays malgache. Mais il faut bien se le persuader, pour nous rendre maître de cette île, il faut frapper un grand coup, et occuper Tananarive.

Quoique notre guerre avec Madagascar soit en bonne voie, il m'est impossible de préjuger les suites de cette entreprise.

La division se compose maintenant des navires suivants :

Le Forfait, le Beautemps-Beaupré, le Scorff, le Boursanit, le Capricorne, la Pique, le Chacal, la Creuse, la Redoute, et la Tirailleuse.

Le choix de l'amiral Miot, fait depuis peu par le gouvernement Français pour continuer les efforts de ses prédécesseurs, les commandants Pierre et Galiber est des plus heureux, aussi, après les votes de confiance de la Chambre au sujet de cette expédition, j'ai le plus grand espoir que nous saurons déployer une énergie et un courage d'autant plus sérieux que l'honneur de la France s'y trouve engagé.

COLONISATION DE MADAGASCAR.

La France était autrefois, très riche en colonies ; aussi, contrairement à ce que l'on pense du caractère Français, ce dernier est, au plus haut point, colonisateur, il ne faut pas se le dissimuler ; n'est-ce pas nous qui avons colonisé l'Algérie, le Canada, la Louisiane, Maurice, Bourbon, etc., etc., et d'autres beaux et riches pays. Ce que l'on est en droit de demander aux Français, c'est de mieux veiller sur leurs intérêts et de ne pas se laisser ravir les pays qu'ils ont conquis au prix de leur sang ; car, s'ils avaient été meilleurs gardiens de toutes les colonies que la France a formées, ils seraient, sans contredit, actuellement la première puissance coloniale du monde.

Il est donc nécessaire que notre nation

soit, à l'avenir, plus soigneuse de ses intérêts, et elle devra maintenant, dans toutes ses expansions coloniales, rejeter à jamais cette petitesse de vue et ces craintes de ne pas réussir, qui produisent infailliblement des insuccès.

Il ne faut pas chercher la cause de nos échecs successifs à Madagascar, dans notre caractère, mais, comme il est facile de le voir, en parcourant cet ouvrage, dans la parcimonie des forces et des mesures déployées pour en faire la conquête.

En France, pour les intérêts extérieurs, on montre énormément d'indifférence, parce que le commerce et l'industrie française a eu, jusqu'ici, peu à gagner dans nos entreprises lointaines, qui ont souvent servi à créer surtout des débouchés à la production étrangère. Cette indifférence tient donc à nos traités de commerce, laissant entrer en franchise dans nos colonies l'industrie étrangère, qui, dans bien des cas, est produite dans des conditions inégales, c'est-à-dire avec une main-d'œuvre moins élevée, et des frais généraux plus réduits.

Il faudrait donc protéger notre industrie et, sans exclure la concurrence étrangère, mettre dans nos colonies des droits protecteurs, c'est-à-dire le même régime douanier que pour la Métropole.

Notre commerce d'exportation subit, actuellement, une crise d'autant plus grande que les étrangers, depuis plusieurs années, se sont montés pour la fabrication des industries parisiennes, et cela dans des conditions avantageuses, car ils n'ont pas l'inconvénient d'être installés dans une grande ville comme Paris, où les frais généraux sont nécessairement très élevés.

Si on veut être aidé par l'industriel et le commerçant, par la France, en un mot, dans les questions coloniales, il faut donner à nos exportations la plus grande activité en leur assurant des débouchés sur le marché de nos colonies.

Nos échecs de colonisation à Madagascar tiennent, non seulement à l'incapacité des agents envoyés à différentes époques, à l'insalubrité des côtes de ce pays ; mais au peuple Français, qui n'a pas su pousser et encourager les différents gouvernements, avec le même enthousiasme que mettent les Anglais dans toutes ces questions.

Pourquoi les anglais sont-ils portés plus que nous aux projets de colonisation ?... Pour moi, cela tient exclusivement à une chose, contraire à tous les droits et la justice, à une loi qui ne pourra jamais revenir en France ; cela tient au droit d'aînesse qui, en favorisant l'ainé des enfants mâles, force les autres à s'expatrier et à chercher, en dehors du sol natal, la fortune et le bien-être que le travail seul doit donner.

Le bien-être s'est trop répandu sur notre sol, et le Français connaît, depuis peu seulement, la nécessité de se créer des débouchés au dehors, de sorte qu'il s'est oublié sans cesse au milieu de son bien-être continental, sans penser qu'il pourrait encore l'augmenter.

La République française, après avoir réformé sérieusement nos forces à l'intérieur, a songé, avec juste raison, à reprendre la politique coloniale de Richelieu, qui avait été abandonnée en partie par les gouvernements divers qui se sont succédé, et surtout par le gouvernement de Juillet, qui, en faisant évacuer Madagascar, a entraîné l'exclusion de la France au Congrès des puissances, en 1840, au sujet de la question d'Egypte.

MM. Jules Ferry, Freycinet, Gambetta, Duclerc, Fallières, dans leur patriotisme, ont décidé que ce grand pays, la France, ne devait pas seulement être une puissance continentale, mais également qu'elle devait reprendre la position coloniale qui lui était due ; aussi, dans un éloquent discours, M. Jules Ferry, président du conseil, s'est exprimé ainsi : « La France n'est pas seulement une puissance continentale, elle est aussi la seconde puissance maritime du monde. »

Depuis quelques années seulement, et cela à l'honneur de notre gouvernement, des sociétés de géographie se sont formées dans tous les départements cherchant à apprendre ainsi aux Français, tout en répandant la science géographique, les beautés et les ressources que l'on trouve dans les différentes parties du monde.

Ces sociétés ont semé la passion des

voyages, des explorations, de la colonisation, et, si la vogue en persiste, il est inévitable qu'elles rendront un grand service à l'esprit français, surtout quand la majeure partie des membres actifs seront exclusivement des hommes, ayant appris *de visu*.

J'espère beaucoup, pour notre colonie de Madagascar, et dans l'ardeur actuelle des Français à l'égard des travaux géographiques, je dirai mieux, j'ai confiance dans le patriotisme national pour mener à bien notre expédition. Du reste, au point où nous en sommes arrivés vis-à-vis des Hovas, il serait, profondément regrettable de nous voir à nouveau entrer dans la voie de nos anciennes mesures, et il est du devoir de tout Français d'encourager le gouvernement dans son expédition, qui n'a d'autre but que la revendication des droits de la France sur Madagascar.

En encourageant le gouvernement, en le poussant dans une action sérieuse, on lui facilitera sa tâche, il pourra ainsi, sans crainte de blesser l'opinion, tenter un coup vigoureux et décisif.

La France peut faire, à Madagascar, une colonie aussi opulente que Cuba, et aussi puissante que Java ; pour cela, il s'agit simplement de vouloir, car cette île doit donner tout ce que la pensée peut demander à la nature.

Pour s'emparer de ce pays, on peut agir de deux manières.

La première, la plus sûre, serait de marcher directement sur Tananarive détruire à jamais l'ancien parti hova, et organiser immédiatement une administration française, en plaçant à la tête des hommes supérieurs habitués au pays.

La seconde, pour laquelle j'ai moins de confiance, serait d'occuper les points principaux des côtes, s'emparer du Nord de l'île, et avancer progressivement jusqu'à Tananarive.

Dans les deux cas, il faut, pour nous établir une puissante organisation militaire ; autrement, on serait exposé à des mécomptes sérieux.

Actuellement, les forces que nous avons à Madagascar sont complètement insuffisantes ; ce n'est pas avec un millier d'hommes que l'on peut avoir la prétention de se rendre maître d'un pays aussi grand que la France, habitée par des millions d'individus, et, si l'on se contentait de borner l'expédition aux forces dont nous disposons actuellement, notre nouvelle entreprise se terminerait probablement dans les mêmes conditions que nos précédents essais sur cette île.

Je comprends qu'ayant l'affaire du Tonkin à régler, le gouvernement ait cherché à la terminer avant d'envoyer à Madagascar des forces imposantes ; mais, maintenant que la paix est signée avec la Chine, rien ne nous empêche de reporter les troupes disponibles du Tonkin à Madagascar.

Malgré les forces redoutables de l'Allemagne, qui nous oblige à garder religieusement notre armée dans la Métropole, quand on a une armée aussi importante que la nôtre, on peut, sans pour cela nuire à notre sécurité, détourner dix mille hommes pour reconquérir nos gloires, amoindries dans nos défaites de 1870, et donner à la France ce que trois siècles de régimes successifs ont été impuissants à lui procurer.

Pour se rendre maître de Madagascar, il faut agir largement sans compter, et avoir continuellement pour objectif un résultat d'autant plus définitif qu'il sera poussé vigoureusement... Il faut, en un mot, procéder de la même manière que pour le Tonkin.....

Il ne faut pas croire que l'on pourra arriver à s'entendre amiablement avec les Hovas d'une façon avantageuse pour nous; non! cette façon d'agir, que l'on ne peut qu'approuver humainement parlant, sera, au contraire, pour eux, un signe de notre impuissance surtout si nous parlementons sans être appuyés, dans notre dire, par des forces imposantes prêtes à avancer dans l'intérieur.

Si notre action se limite dans l'occupation des côtes, il sera difficile d'obtenir un résultat définitif, même en nous y établissant solidement, car nous ne ferons autre chose que d'enfermer le loup dans la bergerie, c'est-à-dire que nous laisserons au milieu de nous les Hovas, libres de nous harceler où de nous détruire à la première défaillance. Les côtes ont également l'immense inconvénient de donner les fièvres à nos soldats, et, si les Hovas ne peuvent devenir nos maîtres par les armes, par leur patience et par les maladies, ils arriveront à bout de nous.

Il faut donc ne pas rester sur les côtes, et, le seul moyen de se rendre une bonne fois maître de ce pays, est d'aller directement à Tananarive.

Dans cette répression énergique, je ne demanderai pas la destruction de la nation hova, qui est la tribu la plus intelligente de Madagascar, mais une correction suffisante leur prouvant qu'ils ne sont pas aussi invincibles qu'ils en ont la conviction.

Le Hova est aussi petit dans la défaite, qu'il est fier et hargneux dans la victoire, aussi, une fois à Tananarive, cette tribu intelligente s'empressera, non seulement de se soumettre, mais de nous seconder.

Ce revirement des esprits du peuple hova sera d'autant plus facile à obtenir, que cette race possède, au plus haut degré, la passion de gouverner, et, du moment qu'elle se sentira impuissante à nous exclure, elle mettra le plus grand empressement à devenir pour nous un auxiliaire d'autant plus dévoué que ses goûts et intérêts seront en jeux.

Pour aller à Tananarive, il faut procéder méthodiquement, en construisant une route dans de bonnes conditions, et en établissant successivement au fur et à mesure de l'avancement des troupes dans l'intérieur, et cela sur tout le parcours, des ouvrages fortifiés afin de nous réserver un libre passage en cas de retraite de nos troupes, et un chemin praticable pour leur ravitaillement.

Que cette route parte de la côte Est ou de la côte Ouest, peu importe, l'essentiel est de marcher de l'avant, et, dans ce cas, il serait facile de trouver dans les indigènes du littoral le concours nécessaire pour les travaux de terrassements.

Cela est de la dernière évidence, il est complètement impossible à un chef d'expédition de conduire son armée à Tananarive par les sentiers actuels, qui ne peuvent que guider les ingénieurs pour le tracé à parcourir. Les moyens de transports jusqu'ici employés, de la côte à Tananarive, sont complètement insuffisants pour ravitailler une armée, il est donc de toute nécessité, si on tient à réussir, de créer une voie de communication sérieuse.

Ce manque de chemins entre la côte et Tananarive, sont avec les fièvres, les seules forces des Hovas, ces derniers le savent parfaitement, et ils se sont toujours bien gardés d'établir des voies de communications dans leur pays.

Tananarive est défendu par une artillerie ridicule, qui ne permettrait aucune résistance aux assiégés ; et, si nous marchions énergiquement, les tribus des côtes s'empresseraient de se joindre à nous pour renverser les Hovas, qui les ont toujours opprimées avec despotisme et violence.

Aussi, afin de pouvoir armer les indigènes qui viendront s'offrir à nous aux premiers succès de notre drapeau dans l'intérieur, il faut que l'expédition soit bien approvisionnée d'armes et de munitions.

Il est donc nécessaire, si on veut que notre nouvelle expédition pour faire respecter nos droits ne soit pas sans effet, d'aller á Tananarive, chasser de son repaire cette tribu, qui n'est pas autant maîtresse de l'île qu'elle le prétend ; la preuve, c'est que certaines peuplades de Madagascar n'ont jamais vu les

Hovas, et ignorent complètement leur existence.

Le titre de reine de Madagascar est un titre exagéré et pompeux, car de nombreuses tribus, dans ce pays, ont échappé au joug des Hovas, et vivent complètement indépendantes, ayant elles-mêmes, à leur tête, des rois ou des reines qui n'ont aucun rapport avec le gouvernement de Tananarive.

Les plus importantes de ces tribus indépendantes ont accepté le protectorat de la France, et je citerai le roi des Sakalaves, qui n'a jamais cessé de l'invoquer.

Pour moi, ce n'est pas le protectorat que la France doit chercher à Madagascar, ce qu'il nous faut, c'est la confirmation de nos droits, sans aucunes réserves, c'est la *France Orientale* que nous devons établir, pour nous donner une position puissante, venant balancer, dans la mer des Indes, les possessions si fortes et si prospères de la Grande-Bretagne.

Depuis quelques années, l'aiguillon du besoin s'est fait sentir dans l'industrie française ; ce malaise dans les affaires ne tient en rien à notre forme de gouvernement, mais à nos traités de commerce, qui favorisent l'invasion de nos marchés par les produits étrangers ; dans l'état actuel, il faut donc des débouchés nouveaux au travail national, qui ne trouve plus en France un écoulement suffisant.

Où peut-on mieux les chercher qu'à Madagascar, pays fertile et riche, où la France saura retrouver au centuple l'argent qu'elle a dépensé depuis plusieurs siècles pour l'occupation définitive de ce pays.

Aussi, mon plus grand bonheur serait de voir la France élevant sa grandeur et sa puissance en ouvrant à l'avenir un champ de fortunes et de richesses.

Madagascar n'a aucun des inconvénients religieux et politiques que l'on rencontre chez les différents peuples de la mer des Indes ; le peuple malgache est entièrement neuf, et, en aucune façon, n'est imbus de ces préjugés religieux, exerçant parfois une influence contraire à la colonisation.

Le Malgache est d'une nature soumise, aime l'ordre, la discipline, et ces aptitudes ne sont pas étrangères à l'acceptation de la domination hova.

La France, en retirant l'indigène de la profonde barbarie où il est tombé, se trouvera donc au milieu d'un peuple sans souvenirs regrettables, et elle jouira d'une vénération d'autant plus grande qu'il sera toujours reconnaissant de l'avoir délivré des chaînes de l'autorité qui pèse sur lui, autorité qui ne vit que de rapines et d'exactions.

Malgré les hommes distingués que l'on rencontre à la tête des missions, il faut, non seulement se garder de faire une colonisation religieuse, mais il serait imprudent de se servir des missionnaires, car leurs vues sont toujours au-dessus des intérêts de ce monde, et leur but principal est de répandre la religion qu'ils enseignent. Ils arrivent parfois ainsi à créer les plus grandes difficultés au gouvernement, en faisant, de la question religieuse, une personnalité d'Etat.

Ce qu'il faut, pour s'attacher un peuple neuf et barbare, c'est de procéder méthodiquement, en favorisant d'abord ses sens sans comprimer sa liberté, puis, au fur et à mesure que ses idées se développent par le contact des peuples civilisés, s'occuper de son cœur et de son esprit.

Nous ne pouvons qu'admirer le zèle sublime des missionnaires, souvent victimes de leur foi chrétienne, mais l'histoire de nos colonies nous prouve qu'il est parfois nécessaire de les diriger et de limiter leur action. Le gouvernement saura certainement agir ainsi dans une mesure équitable et juste, sans entraver en rien la liberté de conscience.

La souveraineté de la France sur Madagascar est immuable, car il existe un principe fondamental, un droit international, disant que toute terre non occupée par une nation civilisée, appartient à celle qui plante la première son pavillon.

Depuis trois cents ans, ces principes ont été acceptés et invoqués tour à tour par les Anglais, les Espagnols, les Portugais, les Hollandais et les Français.

Contester les droits de la France sur Madagascar serait saper, dans sa base, les fondements qui ont permis aux diverses nations de développer leurs colonies.

La déclaration de notre souveraineté à Madagascar est des plus anciennes ; elle date de Louis XIII, et, si elle s'est arrêtée pour diverses raisons, jamais aucune nation n'a osé se placer près de nous pour contrarier ouvertement nos opérations. En un mot, l'occupation française s'est renouvelée périodiquement, et cela avec l'approbation tacite des peuples de l'Europe.

Notre possession a été constante pendant deux siècles, et elle s'est trouvée appuyée par de nombreux actes et édits, à l'abri de toute contradiction.

Qui oserait contester nos droits sur Madagascar ?

Richelieu n'a-t-il pas créé la Compagnie française du Grand-Orient !... Colbert la Compagnie Orientale !... La Restauration n'a-t-elle pas construit le Fort de Tintingue, etc., etc !

Néanmoins, cela est de la dernière évidence, l'Angleterre voit avec chagrin la France poursuivre son œuvre de civilisation. Elle nous voit avec envie tirer les malgaches du despotisme hova, et, cachant mal ses impressions, elle soutient ouvertement des hommes qui ont proscrit nos nationaux, et ruiné notre commerce.

Cependant, les Anglais n'ont rien à nous envier ; n'ont-ils pas pénétré à Candie, en Egypte, et n'étendent-ils pas journellement leurs possessions d'outre-mer, dont une seule, l'Indoustan, renferme autant de sujets qu'autrefois l'empire Romain ? N'ont-ils pas l'Australie, la Nouvelle-Zélande, la terre de Van-Diémen, l'Afrique du Sud, et bien d'autres colonies fécondes et riches ?.....

Devant de pareilles possessions, l'Angleterre est-elle en droit de s'affliger de voir la France accomplir sa partie de civilisation dans un pays que la providence lui a confiée depuis si longtemps ?

Non ! mille fois non !.....

Pourquoi alors cette antipathie prodiguée à la France par l'Angleterre dans la question de Madagascar ?

C'est qu'elle connaît la belle position de cette île, ses beaux ports ; et qu'elle sait que tout en y trouvant des rades sûres, nous aurons dans l'Océan Indien, un grand pays commandant, non seulement la côte orientale d'Afrique, mais aussi l'Archipel de l'Asie, l'Indoustan et la mer Rouge.

Ceci est indiscutable, nous n'avons jamais abandonné nos droits acquis par le sang de nos soldats, et aucune nation ne peut les contester.

Depuis un siècle, c'est-à-dire environ deux cents ans après notre prise de possession, une tribu seule, parmi ce grand pays, s'est opposée à nous. Cette tribu révoltée, ce sont les Hovas !.....

L'affaire à régler est donc particulière entre nous et eux, et nous avons le devoir de mettre une entrave à leurs agissements sans que personne ait le droit de s'en occuper.

Si cette tribu hova avait cherché, au milieu de son pouvoir, à donner aux peuplades qu'elle est parvenue à mettre sous sa domination, le bonheur et le bien-être que ses nouveaux sujets étaient en droit d'espérer au milieu de cette île si fertile, on pourrait encore avoir pour elle une certaine compassion, et la laisser sous notre protectorat s'organiser et se développer ; mais, que doit-on espérer de ces barbares, qui n'ont laissé derrière eux, par leur caractère cruel et arbitraire, que trace de poison et de sang.

Jettons donc de côté toute la sentimentalité dont le cœur français est toujours garni, et ne négligeons rien pour donner à nos projets la réussite la plus complète.

Nous ne devons pas, comme dans toutes nos expéditions entreprises dans ce pays, nous créer une domination peu stable, prête à s'anéantir devant le moindre contre-coup de l'extérieur, mais une colonie assez forte par elle-même pour pouvoir sans cesse échapper aux envies des puissances étrangères.

Passons sans hésiter devant toute revendication européenne, si parfois il s'en produisait, négligeons totalement les jalousies ambitieuses de nos voisins d'outre-mer, et attachons-nous, par des liens indissolubles, la destinée de notre vieille colonie. Appelons, sans aucune distinction, tous les éléments, toutes les forces qui se présenteront pour nous aider dans sa formation, et demandons à tous de participer, d'aider et d'encourager le gouvernement dans ce grand acte.

Pensons que Madagascar peut nourrir facilement dix fois sa population actuelle, et qu'elle est destinée à recevoir un grand nombre de colons Français, qui s'empresseront de s'y rendre lorsqu'ils sauront que la Métropole est là, et qu'ils se sentiront protégés dans une colonie forte et stable.

Devant les efforts de nos ancêtres, devant notre drapeau engagé, devant la ruine dernière de nos colons qui ont été maltraités, dévalisés et ruinés, devant nos compatriotes morts ou assassinés, devant les têtes de nos soldats plantées sur les côtes à la lance des sagaïes hovas, il faut, forts de notre droit, non seulement venger notre sang, mais avoir la plus complète satisfaction de tous ces actes de la plus haute barbarie ; nous devons demander, en un mot, un résultat supérieur aux malheurs que nous avons subis.

Lisons avec attention l'Histoire de la France à Madagascar, fortifions-nous de l'expérience acquise, et accomplissons largement l'œuvre que la providence nous a tracée dans ce pays qui devra être, après la conquête, une œuvre de protection pour le Malgache, dont le cœur est bon, généreux, et qui, vous le verrez, défendra un jour, non seulement sa patrie, mais notre patrie, la FRANCE ORIENTALE

Malgré que le Malgache n'a encore franchi que le premier pas dans la vie civilisée, il est, naturellement, très sociable, et, par ses qualités morales et ses aspirations, il se donnera en son entier à la nation bienveillante qui viendra à lui.

Le Malgache aime beaucoup son pays, et cela, malgré le peu de protection qui l'entoure ; il est docile, doux, généreux et hospitalier ; ce sont là de bien grandes qualités pour la puissance qui songera à le retirer de l'anéantissement dans lequel ses oppresseurs l'ont fait tomber.

La paresse que l'on est en droit de reprocher à cette race, ne tient en rien à sa conformation physique ou à des instincts naturels, elle n'est que la conséquence de la situation politique de ce pays. Soyez sans crainte, il connaît comme nous le bien-être, et il sait que c'est en travaillant que l'on peut se le procurer.

Du jour où il pourra être certain de jouir du

fruit de son travail sans être inquiété par des mesures arbitraires, il deviendra certainement un auxiliaire sérieux pour mettre en valeur les richesses de son pays.

En débarquant à Madagascar, le colon n'aura plus l'idée de soupirer après la patrie absente, il sera, comme tous les Français habitant ce pays, émerveillé par une admirable végétation, s'étalant sous un beau ciel.

Il apportera, sans regrets, son travail et son génie, car il se trouvera largement récompensé par les produits de cette terre qu'il fécondera avec une ardeur proportionnelle au résultat ; enfin, par une existence régulière, il saura facilement dompter le climat inhospitalier des côtes.

Il existe sur la terre des pays où la nature semble avoir, de préférence, placé tous les avantages de la création ; Madagascar est certainement du nombre de ces coins privilégiés, car son sol abonde en richesses de toute nature, ses mines sont accompagnées d'une végétation exubérante, et ses forêts renferment des essences précieuses.

Madagascar, par son sol fertile et l'exploitation de ses mines et forêts, est assez riche pour rendre, rien que par là, au centuple, les capitaux que la France aura avancés. Avec une organisation large, forte, cette colonie pourra, non seulement se suffire, mais encore être, pour la mère-patrie, une source de rapport..... à notre époque de progrès, vingt années de fermeté et de sagesse suffiraient pour faire de Madagascar une colonie belle, puissante et respectable !....

TABLE DES MATIÈRES

DESCRIPTION DE L'ILE.

	Pages.
Situation, Limite, Etendue.	9
Nature du Pays, Climat	15
Produits et Végétation	21
Faune du Pays.	27
Population — Administration — Armée — Mœurs — Industrie — Religion — Langue	36

HISTOIRE POLITIQUE DE MADAGASCAR.

Rôle de la France depuis le XVIe siècle	97
Colonisation de Madagascar	189

25108. — AMIENS. — IMP. T. JEUNET

LIBRAIRIE CHALLAMEL AINÉ

raire-Editeur et Commissionnaire pour la Marine, l'Algérie, les Colonies et l'Orient

5, RUE JACOB ET RUE FURSTENBERG, 2, PARIS

COLONIES

EXTRAIT DE LA SIXIÈME PARTIE DU CATALOGUE

LIVRES DE FONDS ET D'ASSORTIMENT

TES DES COLONIES ET INSTRUCTIONS NAUTIQUES DU DÉPÔT DE LA MARINE

(Ce Catalogue sera complété par des suppléments qui paraîtront successivement)

COLONIES EN GÉNÉRAL (1)

ONYME. — Catalogue des produits des colonies françaises. Exposition de 1878. 1 vol. grand in-8; *Paris*, 1878.   4 —

L'Association internationale africaine et le Comité d'études du Haut-Congo. Résultats de décembre 1877 à octobre 1882, par un de leurs coopérateurs. Br. in-8°; *Bruxelles*, 1882 in-8°.   » 50

Catalogue par ordre géographique des *cartes, plans, vues de côtes, mémoires, instructions nautiques, etc.*, qui composent l'hydrographie française. (Dépôt de la marine et des colonies, n° 594 de la nomenclature.) 1 vol. in-8; *Paris*, CHALLAMEL aîné, 1878.   6 —

Catalogue chronologique des *cartes, plans, vues de côtes, mémoires, instructions nautiques, etc.*, qui composent l'hydrographie française. (Dépôt de la marine et des colonies, n° 515 de la nomenclature.) 1 vol. in-8; *Paris*, 1873.   6 —

Supplément à ces catalogues. Cartes et instructions publiées de 1873 à 1880.   1 —

2° Supplément à ces catalogues. Cartes et instructions publiées courant 1881.

Supplément faisant suite à ces catalogues, publié à la fin de 1882.

Concession et exploitation des sucreries domaniales à Java. r. in-8, extr. de la *Revue maritime et coloniale*. 1864.   1 25

Des colonies hollandaises. Br. in-8, extr. de la *Revue maritime et oloniale*, avec une carte des possessions hollandaises en Asie, en Afrique et en Amérique, 1862.   2 50

Instructions pour les voyageurs et les employés dans les colonies, sur la manière de recueillir, de conserver et d'envoyer les objets d'histoire naturelle, etc., etc. Br. in-8°.   1 50

(1) Voir pour les ouvrages sur la colonisation de l'Algérie la première partie de e Catalogue : ALGÉRIE, TUNISIE, MAROC, etc.

— Etude sur la colonisation, par un homme de bonne volonté. In-8
t. I (le seul paru) ; *Paris*, 1865. 6

— Immigration (l') africaine et la traite des noirs. Br. in-8, extr
de la *Revue coloniale*, 1858. 1 2

— Le Ministère des colonies et son Conseil supérieur. Exposé d
conditions de cette création, d'après la commission supérieure des col
nies, établie à la fin de 1878 jusqu'en juillet 1881, pour la réforme de notr
régime colonial ; *Paris*, 1882. 1

— Moyen (un) de colonisation (publié par le gouvernement de l'Algé
rie). Br. in-8 ; *Alger, Paris*, 1862. 1

— Recueil de lois, décrets et arrêtés concernant les colonies.
    Tome I. Grand in-8 ; *Paris*, 1877. 12
    Tome II. Grand in-8 ; *Paris*, 1880. 12

— Notices sur les colonies françaises. 1 fort vol. in-8°, accompagn
d'un atlas de 14 cartes. Publié par ordre de M. le marquis de Chasse
loup-Laubat, ministre de la marine, etc.; *Paris*, 1866.

— La Réforme coloniale par la décentralisation et l'autonomie
par un homme de bonne volonté. Br. in-8 ; *Paris*, 1870. 1 2

— Table alphabétique et analytique des matières contenues dans le
24 volumes de la *Revue maritime et coloniale de 1861 à 1868* e
dans les 3 volumes de la *Revue algérienne et coloniale 1859 et 1860*
Br. in-8 ; *Paris*, 1870. 3 5

— Table alphabétique et analytique des matières contenues dans le
volumes de la *Revue maritime et coloniale de 1869 à 1879*. In-8
1879. 4

— Tableaux de population, de culture, de commerce et de na
vigation formant la suite des tableaux statistiques sur les colonie
françaises. Cette collection, publiée par le ministère de la marine, se co
tinue.

ARBOUSSET (T.) et DUMAS (E.), missionnaires de la Société des missio
évangéliques. — **Voyage d'exploration à la colonie du cap d
Bonne-Espérance.** 1 très fort vol. in-8° accompagné d'une carte et
onze dessins. 12

ARMAND (le docteur Adolphe). — **Médecine et hygiène des pa
chauds**, et spécialement de l'Algérie et des colonies (acclimatement
colonisation). 1 beau vol. in-8°. 6

D'AUBIGNY (Ch.). — **Recueil de jurisprudence coloniale** en matiè
civile, administrative et criminelle, contenant les décisions du Conse
d'Etat et les arrêts de la Cour de cassation. 3 vol. in-4°, 1861-186
1867. 45

AUBRY-LE-COMTE. — **Culture et production du coton dans l
colonies françaises.** Br. in-8°. Extr. de la *Revue maritime et col
niale; Paris*, 1876. 1

— **Exploitation des matières textiles** dans les colonies françaises. B
in-8° ; *Paris*, 1866. 1

— Culture et préparation du thé. Br. in-8 ; *Paris*, 1865. 1 25

— Culture et préparation du cacao dans les colonies françaises. Br. in-8° ; *Paris*. 1 25

— Culture et production du tabac dans les colonies françaises. Br. in-8 ; *Paris*. 1 25

Produits tirés des eaux et des rivages dans les colonies françaises. Br. in-8° ; *Paris*, 1865. 1 50

Législation et production du sucre de canne. Br. in-8° ; *Paris*. 1 50

UCAPITAINE (H.). — Les Kabyles et la colonisation de l'Algérie. 1 vol. in-18. 2 50

UVRAY. — Colonies danoises (les) aux Indes orientales, suivi du Budget des Indes néerlandaises, 1862. Br. in-8, extr. de la *Revue maritime et coloniale*. 1 50

AISSAC (M.-C.), de l'île Maurice. — Etude sur le patois créole mauricien. 1 vol. in-18 ; *Nancy*, 1880. 5 —

AUDICOUR (LOUIS DE). — Histoire de la colonisation de l'Algérie : les débuts ; les constructions urbaines ; les villages ; la colonisation dans les provinces ; les territoires civils et militaires ; les communes ; du cantonnement des arabes, etc. 1 fort vol. in-8. 7 —

La colonisation de l'Algérie, ses éléments : les ressources du sol ; les richesses minérales ; les colons ; la population de l'Algérie ; la migration étrangère ; les orphelinats ; la propriété ; les ouvriers et les capitalistes, etc. 1 fort vol. in-8. 7 —

HANCEL (Ausone de). — D'une immigration de noirs en Afrique. A S. Exc. M. le maréchal comte Randon. In-8°, 52 p.; *Alger*, imp. Bastide. Se vend au profit des orphelines de Blidah. 1 50

bjections contre l'introduction d'engagés noirs en Algérie et réponse à une lettre de E. de Chancel, auteur du projet, par M. Jules Dupré de Saint-Maur. In-18. » 50

HASSÉRIAU. — Précis historique de la marine française, son organisation et ses lois. 2 vol. in-8° ; *Paris*, 1845. 15 —

OQUELIN (ALFRED). — Colonisation et sociétés d'émigration, conférence faite au Havre, 1877, in-18. — 50

lture des tabacs. — Exposition permanente des colonies, publiée par la commission mixte des tabacs. Br. in-8 ; *Paris*. 1 —

ELARBRE (J.), conseiller d'Etat honoraire, trésorier général des invalides de la marine. — La liberté du commerce aux colonies. Br. in-8° ; extr. de la *Revue maritime et coloniale 1879*. 2 —

Les colonies françaises, leur organisation, leur administration. 1 vol. in-8° avec carte ; *Paris*, 1878. 3 50

M. le marquis de Chasseloup-Laubat 1805 (29 mars) 1873. — 1 vol. in-8° avec portrait ; *Paris*, 1873. 6 —

DELTEIL (A), membre de la Chambre d'agriculture de la Réunion. — **Etude sur la vanille.** In-8 avec planche; *Paris*. 3 50

DUCOUDRAY (Elie). — **Consulats, Colonies, Algérie.** Réformes proposées. Br. in-8; *Paris* 1867. 1 —

DUTROULEAU (A.-F.), médecin en chef. — **Traité des maladies des Européens dans les pays chauds** : régions tropicales ; climatologie; maladies endémiques. Ouvrage couronné par l'Académie des sciences et l'Académie de médecine. In-8 ; *Paris*, 1861-1868. 8 —

DUVAL (Jules), — **Les colonies et la politique coloniale de la France.** Domaine colonial de la France; le Sénégal ; les Antilles: la Guyane ; la Réunion : Pêcheries de Terre-Neuve: établissement divers; Madagascar; programme colonial. 1 beau vol. in-8 ; avec 2 cartes. 7 —

— **L'Algérie et les Colonies françaises,** avec notice biographique sur l'auteur, par M. Levasseur de l'Institut et une préface par M. Laboulaye de l'Institut. in-8, Portrait; *Paris* 1877. 7 50

GAFFAREL (Paul), professeur à la Faculté des lettres de Dijon. — **Les Colonies françaises.** 1 vol. in-8: *Paris*, 1880. 5 —

GAIGNERON (L.-A.), chirurgien principal de la marine. — **Immigration indienne.** Rapport sur le voyage du trois mâts *Le Suger* transportant un convoi d'indiens immigrants de Pondichéry à la Guadeloupe. Br. in-8; extr. de la *Rev. mar. et colon.* 1862. 1 50

GASPARIN (Agénor de) maître des requêtes, **Esclavage et traite.** 1 vol, in-8 ; *Paris*. 5 —

GUILLON (E.), professeur d'histoire. — **Les colonies françaises.** In-18° avec portrait et carte; *Paris*, 1881. 1 —

HUGOULIN (J.-F.), pharmacien-major de la marine. — **Fabrication de la chaux grasse nécessaire à l'industrie sucrière** ou à l'industrie de bâtiment ; emploi de la chaux maigre des coraux à l'agriculture. (Mission d'études confiée par la Chambre d'agriculture de la Réunion.) Extr. de la *Revue maritime et coloniale 1862.* 1 —

Voir, à la colonie de la Réunion, pages 24 et 25 du présent catalogue, toutes les autres publications de M. Hugoulin.

ICÉRY (le Docteur).— **Recherches sur le jus de la canne à sucre** et sur les modifications qu'il subit pendant le travail d'extraction à l'Ile-Maurice. In-8; *Paris*, 1865. 2 —

— **Législation du sucre en France.** Br. in-8. Extrait de la *Revue maritime et coloniale,* 1863, suivi de la production du sucre à Java. 1 2"

LAVELEYE (Emile de). — **Les Français, les Anglais et le Comit' international sur le Congo.** Br. in-8°; *Bruxelles, Paris*, 1883. 1

LEMIRE (Ch.), chevalier de la Légion-d'Honneur. — **Guide-agenda d France en Australie, en Nouvelle-Calédonie et aux Nouvelles Hébrides,** par Suez, Aden, la Réunion et Maurice. 1 vol. in-18 *Paris*, relié toile. 3 5

– Guide-agenda. Traversée de France en Nouvelle-Calédonie et à Taïti par le cap de Bonne-Espérance et retour par le cap Horn. 1 vol. in-18; *Paris*, relié toile. 3 50

LE PELLETIER DE SAINT-REMY (R.). — **Les colonies françaises depuis l'abolition de l'esclavage** : Le travail, l'immigration africaine et asiatique, la propriété. In-8, nouvelle édition, 1859. 3 50

– Les Antilles françaises : Question monétaire; entrepôts réels ; paquebots transatlantiques. 1 vol. gr. in-8, avec planches; *Paris*, 1859. 5 —

– Le libre-échange colonial. Br. in-8, extr. du *Journal des économistes*, 1860. 1 25

– Saint-Domingue. Etudes et solutions nouvelles de la question haïtienne, histoire et géographie. 2 vol. in-8, avec carte ; *Paris* 1846. 15 —

LEROY-BEAULIEU (PAUL), membre de l'Institut. — **De la colonisation chez les peuples modernes.** 1 vol. in-8 ; *Paris*, 1882. 9 —

MAHY (FRANÇOIS DE), représentant de l'île de la Réunion à l'Assemblée nationale. — **Régime politique aux colonies.** Réponse aux adversaires des institutions libérales aux colonies. Br. in-8° ; *Paris* 1872. 1 25

MADINIER (PAUL). — **Journal de l'agriculture des pays chauds**, organe international du progrès agricole et industriel pour l'Algérie, les colonies françaises et étrangères et la région intertropicale. 1 vol. in-8°, le seul paru, 1865-1866; *Paris*, 1867. 25 —

Ce volume fait suite aux *Annales de l'agriculture des colonies*. 4 vol. in-8°, par le même auteur, 1860-1862, qui sont complètement épuisés.

MARGRY (PIERRE), conservateur-adjoint des archives de la marine. — **Relations et mémoires inédits** pour servir à l'histoire de la France dans les pays d'outre-mer, tirés des archives du ministère de la marine et des colonies. 1 vol. in-8° ; *Paris*, 1867. 6 —

– Belain d'Esnambuc et les Normands aux Antilles (origines transatlantiques). Gr. in-8° avec deux planches ; *Paris*, 1863. 3 —

– **Mémoires et documents pour servir à l'histoire des origines françaises des pays d'outre-mer.** — Découvertes et établissements des Français dans le Sud et dans l'Ouest de l'Amérique septentrionale (1614-1698). Mémoires originaux et inédits. 4 vol. gr. in-8° ; *Paris*, 1879-1881. 60

MARTIN (WILLIAM), chargé d'affaires de Hawaii en France.— **Catalogu d'ouvrages relatifs aux îles Hawaii.** Essai de bibliographie hawaiienne. 1 vol. in-18; *Paris*. 1867. 3 5

MICHAUX (E.-H.), sénateur, ancien directeur des colonies au ministère d la marine. — **Etude sur la question des peines.** 1 vol. in-8°, 2° édition, revue et augmentée; *Paris*, 1875. 5

POULAIN (H.), capitaine, ex-chef du génie de Gorée. — **Production d coton dans nos colonies.** Br. in-8; *Paris*, 1863. 2

RABOISSON.— Etude sur les colonies et la colonisation au regard de l France. Br. in-8 ; *Paris*, 1877. 1 2

AMBOSSON (J.), ancien directeur du journal : *La Malle* (île de la Réunion). — **Les colonies françaises.** Géographie, histoire, productions, administration et commerce. 1 vol. in-8, avec 1 carte générale et 6 cartes particulières; *Paris*, 1868. 7 50

OST VAN TONNINGEN (D.-W.)— **Proprieté et valeur de la canne à sucre à Bornéo.** Br. extr. *Revue mar. et col.*, 1862, 5 pages. 1 —

— Abatardissement et amélioration des variétés de la canne à sucre à Java. Extr. de la *Revue maritime et coloniale*, 1862. 1 50

SCHŒLCHER (Victor). sénateur. — **L'arrêté Gueydon à la Martinique, l'arrêté Gueydon à la Guadeloupe.** Br. in-8 ; *Paris*, 1872. 2 —

— **Restauration de la traite des noirs**, à Natal. Br. in-8; *Paris*, 1877. 1 —

— **Le Jury aux Colonies.** Br. in-8, en collaboration avec MM. Pory-Papy, Laserve et de Mahy Br. in-8; *Paris*, 1873. 2 —

— **Conférence sur Toussaint Louverture**, général en chef de l'armée de Saint-Domingue, in-18 ; *Paris*. 1879. » 50

— Des **Colonies françaises.** Abolition immédiate de l'esclavage. 1 vol. in-8 ; *Paris*, 1842. 6 —

— **Colonies étrangères et Haïti.** Résultats de l'émancipation anglaise. (colonies anglaises.) Iles espagnoles. Quelques mots sur la traite et sur son origine. Colonies Danoises. Haïti. Coup d'œil sur l'état de la question d'affranchissement. 2 vol. in-8 ; *Paris*, 1845. 12 —

— **L'esclavage au Sénégal en 1880.** Br. in-8 ; *Paris*, 1880. 3 —

— **Protestation des citoyens français nègres et mulâtres**, contre des accusations calomnieuses. Br. in-8; *Paris*, 1851. 1 25

— **La vérité aux ouvriers et aux cultivateurs de la Martinique**, suivie de rapports, décrets, arrêtés, concernant l'abolition immédiate de l'esclavage. in-8 ; *Paris*, 1849. 6 —

— **Polémique coloniale, 1871-1881.** In-8°; *Paris*, 1882. 4 —

SIMONIN (L.) ingénieur. — **Les pays lointains.** Notes de voyages (La Californie, Maurice, Aden, Madagascar). 1 vol. in-18; *Paris*, 1863. 3 —

SUCKAU (Henri de). — **De l'initiative et de la liberté coloniale,** en matière de colonisation. Br. in-8; *Paris*, 1870. 1 —

VIAL (P.), capitaine de frégate, agent principal de la Compagnie générale transatlantique. — **Organisation rationnelle de l'administration des colonies.** Communication faite au Congrès de l'Association française pour l'avancement des sciences, dans la séance tenue le 26 août 1878, à Paris, par la section d'Economie politique, présidence de M. H. Passy. *Paris*, 1878. 1 —

VIGNERON-JOUSSELANDIÈRE. — **Manuel d'agriculture pratique des tropiques.** 1 vol. in-8° ; *Paris*, 1860. 5 —

Annales maritimes et coloniales. Collection in-8 publiée sous les auspices du ministère de la marine, par MM. Bajot et Poiré, de 1809 à 1847.

Revue coloniale. Collection in-8 publiée sous les auspices du ministère de la marine, de 1843 à 1858 inclus.

Nouvelles Annales de la Marine et Revue coloniale. In-8 publié de 1849 à 1860 inclus.

Revue algérienne et coloniale. (Ministère de l'Algérie et des colonies.) Collection in-8 publiée de 1859 à 1860 inclus.

etin de la Société des études coloniales et maritimes, publiant depuis six ans huit à dix cahiers chaque année.

Revue maritime et coloniale. (Ministère de la marine et des colonies.) Collection in-8 de 1860 à 1874. Cette Revue continue à paraitre depuis 1875 à ce jour.

L'Avenir des Colonies et de la Marine, journal politique, maritime, commercial et industriel. Paraissant tous les samedis. Rédacteur en chef : M. Henrique. Prix de l'abonnement, chez Challamel aîné : 1 an, France, 20 fr.; colonies et étranger, 25 fr. Prix du numéro, 0 fr. 40.

MAPPEMONDES

8 (1). — Parties connues de la Terre, par C.-L. Gressier. 1 feuille grand-aigle. 2 —

5-1426-1427-1428. — Mappemonde hydrographique, par C.-L. Gressier. 4 feuilles grand-aigle ; ensemble 8 —

AFRIQUE FRANÇAISE

e Sénégal, Saint-Louis, Gorée, Rufisque, Dakar, Falémé, Cayor, etc.
tablissements français de la Guinée, comptoirs de Guinée, Gabon, Assinie, Ogowai, Grand-Bassam, Daboa, Congo, etc.
Réunion (ancienne île Bourbon), etc.
adagascar et ses dépendances, Sainte-Marie, Mayotte, Nossi-Bé, etc.
bock, baie d'Adulis, Abyssinie, Ethiopie, etc.

NONYMES. — Guide de la conversation en quatre langues, français-volof-anglais-sérèr. Vol. in-18 cart. 5 —

Dictionnaire volof-français, précédé d'un abrégé de la grammaire volofe, par les RR. PP. missionnaires du Saint-Esprit (mission de Sénégambie). 1 vol. petit in-8. 10 —

Dictionnaire français-volof. Nouvelle édition contenant tous les mots du dictionnaire de Dard, du vocabulaire de Roger, du dictionnaire

(1) Les cartes ou instructions nautiques dont la désignation est accompagnée d'un éro sont les publications du dépôt de la marine française dont la vente nous est fiée.

manuscrit de l'abbé LAMBERT. Considérablement augmentée et précédé des principes de la langue volofe, par les RR. PP. du Saint-Esprit (mission de Sénégambie). In-12 cart.; *Dackar*, 1855. 8 —

— **Renseignements sur le commerce et les intérêts français** entre la Côte-d'Or et le Congo. (*Revue maritime et coloniale*, 1867.)

— **Note sur les objets de pacotille** propres aux échanges de la Côte-d'Or. (*Revue maritime et coloniale*, 1868.)

— **La nouvelle France et la colonie française d'Obock**. Br. in-8 avec carte, par GOLDTAMMER; *Paris*, 1880. 1 50

— **Le Sénégal et les Guinées de Pondichéry**. Note présentée à la Commission supérieure des colonies, par les négociants sénégalais. In-8; *Bordeaux*, 1879. 2 —

— **Annuaire du Sénégal et dépendances**. 1 vol. in-18 publié tous les ans.

— **Annuaire de la Réunion**. 1 vol. in-18 publié tous les ans.

— **Annuaire de Mayotte-Nossi-Bé**. In-18 publié tous les ans.

— **Notice statistique** sur l'île de la Réunion. (*Rev. mar. et col.* 1883.)

— **Renseignements nautiques** sur quelques îles éparses de l'océan Indien : Prince-Edouard, Crozet, Kerguelen, Mac-Donald, Rodriguez, Maurice, la Réunion, Saint-Paul, Amsterdam, Les Seychelles, Madagascar et Mayotte (n° 607). *Paris*, 1874. 7 50

— **Catéchisme** pour les adultes. En français et en volof, à l'usage du provicariat apostolique de Sénégambie. 1 vol. in-18, 1/2 rel.; *Dakar*, 1862. 3 —

— **Catéchisme** en français et en volof, à l'usage du provicariat de la Sénégambie et de la préfecture du Sénégal. In-18 cart. toile; *Dakar*, 1860. 1 50

AUBE (T.), capitaine de frégate. — **Le fleuve du Sénégal**. (*Revue maritime et coloniale* 1864.)

AVEZAC (D'). — **Iles de l'Afrique** (îles de Malte, des Açores, de Madère, des Canaries, du Cap-Vert, de Fernando-Po, de l'Ascension, de Sainte-Hélène, de la Réunion, de France, de Madagascar, des Seychelles, etc.). 1 vol. in-8 avec 69 planches. 7 —

AZAN (H.), capitaine d'infanterie de Marine. — **La culture du coton au Sénégal**, Br. in-8, extr. de la *Revue maritime et coloniale*, 1863. 1 25

— **Notice sur le Oualo** (Sénégal). Extr. de la *Revue maritime et coloniale*, 1863-1864.

AZÉMA (GEORGES), greffier de la justice de paix de Saint-Denis, conseiller municipal de cette commune et membre de la Chambre consultative de l'île de la Réunion. — **Histoire de l'île Bourbon**, depuis 1643 jusqu'à décembre 1848. 1 vol. in-8; *Paris*, 1862. 5 —

BARBIÉ DU BOCAGE. — **Madagascar**, possession française depuis 1642. In-8, 1859.

RTHÉLEMY. — **Notice historique** sur les établissements français des côtes occidentales d'Afrique, 1848. 2 50

RTHÉLEMY-BENOIT (P.-E.). — **Rapport médical** sur les opérations militaires du Cayor, 1861. (*Revue maritime et coloniale*, 1861.)

RENGER-FÉRAUD, médecin en chef de la marine. — **Les peuplades de la Sénégambie.** Histoire, ethnographie, mœurs et coutumes, légendes, etc. 1 vol. gr. in-8 ; *Paris*, 1879. 12 —

Description topographique de l'île de Gorée. (*Revue maritime et coloniale*, 1873.)

Le Sénégal de 1817 à 1874. (*Revue maritime et coloniale*, janvier 1874,

ERLIOUX (Etienne-Félix). — **André Brue** ou l'origine de la colonie française au Sénégal. In-8 avec une carte de la Sénégambie ; *Paris* 1874. 6 —

ESNARD. — **Campagne du « Curieux »** à la côte occidentale d'Afrique. (*Revue maritime et coloniale*, janvier, mars, 1873.)

IONNE. — **La Réunion.** (*L'Exploration*, avril 1879).

ILAT (l'abbé C.-D.), missionnaire apostolique. — **Esquisses sénégalaises**, physionomie du pays, peuplades, commerce, religion, passé et avenir. Récits et légendes. 1 vol. gr. in-8. avec carte et un atlas de 24 planches coloriées du même format ; *Paris* 1853. 40 —

Grammaire de la langue du Sénégal ou de la langue Woloffe. Ouvrage couronné par l'Institut. 1 vol. gr. in-8 ; *Paris* 1868. 12 —

ONNET. — **La Casamance.** (*Bull. de la Société de géographie de Bordeaux*, 1878).

ORIUS (A.), docteur en médecine. — **Recherches sur le climat du Sénégal.** Ouvrage accompagné de tableaux météorologiques, de 14 planches dans le texte et d'une *carte du climat et de l'état sanitaire* du Sénégal suivant les saisons. 1 vol. in-8 ; *Paris*, 1875. 7 —

OURREL, enseigne de vaisseau. — **Voyage dans le pays des Maures Brakna**, rive droite du Sénégal. Br. in-8. avec carte. Extrait de la *Revue maritime et coloniale* ; *Paris*, 1860-1861. 3 50

UET-WILLAUMEZ (E.), capitaine de vaisseau. — **Commerce et traite des noirs** aux côtes occidentales d'Afrique. 1 vol. in-8 ; *Paris*, 1848. 5 —

RITO CAPELLO. Traduit par A. Le Gras. — **Guide** pour l'usage des cartes des vents et des courants du golfe de Guinée. N° 342. In-8 ; *Paris*, 1862. 2 —

RAOUEZEC, lieutenant de vaisseau. — **Exploration du cours d'eau de Bounoun.** Marigot du Sénégal, octobre et novembre 1861. Br. in-8, extr. de la *Revue maritime et coloniale*. 1 50

Notes sur les peuplades riveraines du Gabon (*Revue maritime et coloniale*, 1861.)

BRIDET, capitaine de frégate en retraite, de la Société des sciences e
arts de la Réunion. — Etude sur les ouragans de l'hémisphèr
australe. 1 vol. in-8 avec 43 figures, 3ᵉ édition revue et corrigée; *Paris*,
1876. 6 —

BRENIER (J.), directeur du *Courrier du Havre*. — La question de
Madagascar. Br. in-8; *Paris*, 1882. 2

BROSSARD de CORBIGNY (le baron), capitaine de frégate. — Un voyage
à Madagascar. 1862. Br. in-8, extr. de la *Revue maritime et coloniale*. 2 —

CRESTIEN (G.-F.) — Causeries historiques sur l'île de la Réunion,
avec préface, par François Saint-Amand. 1 vol. in-18, caractères elzéviriens; *Paris*, 1881. 5 —

DAYOT (E.). — Œuvres choisies de Eugène Dayot, avec une notice
biographique et littéraire par J.-M. Raffray et une préface par François Saint-Amand. 1 vol. in-18. caractères elzéviriens ; *Paris*, 1878. 5 —

DESJARDIN, E. JALABERT et Edouard LEROY. — Les évènements
de la Réunion. Créoles de la Réunion. In-8; *Paris*, 1869. 2 50

DU PEYRAT (Auguste). — Situation de l'agriculture à l'île de la
Réunion en 1868. Br. in-8, extr. de la *Revue maritime et coloniale*,
1870. 1 50

DURAND (J.-B.-L.), ancien directeur de la Compagnie du Sénégal. —
Voyage au Sénégal ou Mémoires historiques, philosophiques et politiques sur les découvertes, les établissements et le commerce dans les
mers de l'océan Atlantique, depuis le cap Blanc jusqu'à la rivière de
Serre-Lionne inclusivement; suivi de la relation d'un voyage par terre de
l'île Saint-Louis à Galam et du texte arabe des trois traités de commerce
faits par l'auteur avec les princes du pays. Avec figures et atlas. 2 vol.
in-4°. (An X.) 1802-1807. 30 —

ESCANDE. — Notre établissement du Gabon en 1874. (*Revue maritime et coloniale*, 1875.)

FAIDHERBE (le général), grand-chancelier de la Légion-d'Honneur. —Les
Berbères et les Arabes des bords du Sénégal. *Société de Géographie*, 1854. In-8. 3 50

— Populations noires des bassins du Sénégal et du Haut-Niger. *Société
de Géographie*, 1856. 3 50

— Considérations sur les populations de l'Afrique septentrionale. (*Nouvelles Annales des voyages*, septembre 1859.)

— Renseignements géographipues sur la partie du Sahara comprise
entre l'Oued-Noun et le Soudan. (*Nouvelles Annales des voyages*, août
1859.)

— Notice sur la langue sérère. 1865.

— Essai sur la langue poul. 1874.

— Essai sur la langue poul. Grammaire et vocabalaire de la langue poul. 1 vol. in-8 ; 1875. 4 —

rammaire et vocabulaire de la langue poul. In-18 cart. 1842. 4 —
MAIN (A.), ingénieur hydrographe de la marine. — **Madagascar**
(te orientale). Partie comprenant l'île Fong, Tamatave, Foulepointe,
ahambo, Fénérive, Sainte-Marie et Tintive (n° 385). In-8 ; *Paris*,
64.   1 —

LDTAMER (F.) — **Notice sur Obock** (golfe d'Aden). Colonie française.
r. in-8 avec 2 cartes ; *Paris*, 1877.   1 50

LAIN. — Documents sur l'histoire, la géographie et le commerce
e Madagascar. 1 vol. gr. in-8 avec carte; *Paris* 1845.   12 —

URIGOT (S.) — **Quinze mois en Sénégambie**. Br. in-8. Extr. des
nnales des voyages ; *Paris*, 1869.   1 25

GOULIN (J.-F.), pharmacien. — **Missions d'études** confiées par
 Chambre de commerce de la Réunion. Application des industries
e la métropole à l'île de la Réunion. Introduction, 1861.) — De
éclairage des villes et des usines à la Réunion (*Idem*.) — Pré-
ration de la glace artificielle (1862). — Fabrication de la chaux
asse nécessaire à l'industrie sucrière ou à l'industrie des bâtiments.
mploi de la chaux maigre des coraux pour l'agriculture. (*Idem*.)— Pré-
ration du sucre pur par le procédé de la double carbonatation.(*Idem*.)—
es buanderies économiques. (*Idem*.) — Exploitation d'un gisement de
atron à l'île de la Réunion, préparation du sel de soude. (*Idem*). —
abrication du sel marin à la Réunion. (*Idem*.) — Préparation du sucre
e canne par l'emploi du sulfate de soude. (*Idem*.) — Application des
resses hydrauliques à l'extraction des huiles et au débarquement des
archandises à l'île de la Réunion. (*Idem*.)— Utilisation des résidus des
creries. (*Idem*.)— Vinaigre de mélasse et de véson. (*Idem*.) — Revifi-
ation du noir animal, par la voie humide dans l'industrie sucrière (1863).
 Des engrais artificiels applicables à la culture de la canne. (*Idem*.) —
 Création de prairies artificielles à la Réunion. (*Idem*.)— Nouveau pro-
édé de préparation des peintures en bâtiments (1868).   8 —

HALLET (DE) et LE GRAS. — **Description nautique des Açores**
r 268). In-8; *Paris*, 1865.   1 —

Madère. Les îles Salvages et les îles Canaries (n° 267). In-8; *Paris*,
868.   1 —

Les îles du Cap-Vert (n° 269). In-8 : *Paris*, 1868.   » 75

Instructions nautiques sur la côte occidentale d'Afrique, compre-
ant : 1° le Maroc, le Sahara et la Sénégambie (n° 435). In-8; *Paris*,
871.   8 —

2° La côte de Liberia, la côte d'Ivoire, la côte d'Or, la côte de Batonga
t la côte du Gabon (n° 470). In-8 ; *Paris*, 1870.   10 —

3° La côte du Congo, la côte d'Angola, la côte de Benguela et la colonie
u Cap (n° 485). In-8 ; *Paris*, 1871.   8 —

ARTHE (P.).— **Voyage au Sénégal,** en 1784-1785, d'après les mé-
oires de M. DE LA JAILLE. 1 vol. in-8, avec une carte par E. LAPIE;
aris, 1802.   5 —

— **Voyage à la côte de Guinée** ou description des côtes d'Afrique, d puis le cap Tagrin jusqu'au cap de Lopez-Gonzalva. Contenant des instru tions relatives à la traite des noirs. d'après des mémoires authentique 1 vol. in-8, avec carte ; *Paris*, an XI (1803).   5

LAVERDANT (Désiré), membre de la Société maritime. — **Colonisatio de Madagascar**. In-8 avec une carte ; *Paris*, 1844.   3

MAGE (E.), lieutenant de vaisseaux. — **Du Sénégal au Niger**. Relatio du voyage d'exploration de MM. Mage et Quintin, au Soudan occident de 1863 à 1866. 1 vol. gr. in-8 avec cartes, extr. de la *Revue mar. col.* 1867 (rare)

— **Voyage au Tagant**, Afrique centrale. *Revue algérienne et colonia* 1870 avec carte.   2

— **Les rivières de Sine et Saloum** (côte occidentale d'Afrique), ext de la *Revue mar. et col.*. 1863, in-8 avec carte.   2

MAILLARD. — **Notes sur l'île de la Réunion**. 2 vol. in-8 ; 1862.

MARCHE (Alfred). — **Trois voyages dans l'Afrique occidentale** Sénégal, Gambie, Casamance, Gabon, Ogooué. 1 vol. in-16, orné de 2 grav. et une carte ; *Paris*, 1879.   3 5

MAVIDAL. — **Le Sénégal**, son état présent et son avenir. In-8, ave carte ; *Paris*, 1863.   8

MELDRUM. — **Note** sur la formation des cyclones dans l'océan Indiè (n° 530). In-8 ; *Paris*, 1874.   1 5

MEYNERS d'ESTREY (Le Comte) directeur des Annales de l'Extrême Orient — **La Papouasie, ou Nouvelle-Guinée occidentale**. 1 vol. gr. in-jésus, avec planches et carte; *Paris*, 1881.   7

PEUCHGARIC, capitaine au long-cours. — **Côte occidentale d'Afrique Côte d'Or**. géographie, commerce, mœurs. Br. in-8; *Paris*, 1857. 2

RAFFENEL (Anne). — **Nouveau voyage dans le pays des nègres** suivi d'études sur la colonie du Sénégal et de documents historiques, gé graphiques et scientifiques. 2 vol. gr. in-8 avec de nombreuses planches, *Paris*, 1856.   20

— **Voyage dans l'Afrique occidentale** comprenant l'exploration d Sénégal, depuis Saint-Louis jusqu'à la Falémé, au delà du Bakel ; de l Falémé, depuis son embouchure jusqu'à Sansandig ; des mines d'or d Kéniera, dans le Bambouk ; des pays de Galam, Bondou et Woolli, et d la Gambie, depuis Baracounda jusqu'à l'Océan, exécuté en 1843 et 1844. vol. gr. in-8; *Paris*, 1846.   20

RICARD (le docteur F.) — **Le Sénégal**. Etude intime. 1 vol. in-18; *Pari* 1865.   3 5

RICHEMONT (le baron de), sénateur, ancien gouverneur de la Coloni de Madagascar. — **Documents sur la Compagnie de Madagascar** précédés d'une notice historique. 1 vol. gr. in-8 ; *Paris*, 1867.   7

ROBERT (M.) l'abbé, chanoine de Rouen. — **Du Sénégal au Niger** Etude. In-18 (Bibliothèque coloniale et maritime.) *Paris*, 1878   1 5

)CHON (L'abbé de). — **Voyage à Madagascar et aux Indes orientales.** 1 vol. in-8, cartes; *Paris*, 1791. Relié. 6 —

)USSIN. — **Album de l'île de la Réunion**, 1860-1855, 1867-1869. 4 vol. in-4°.

RVAL (P.-A.), enseigne de vaisseau. — **Le Gabon.** Description de la rivière Rhamboé et de ses affluents. In-8 avec carte. Extr. de la *Rev. mar. et col.*, 1861. 1 50

MONIN (L.). — **Les pays lointains.** Notes de voyages. (La Californie, Maurice, Aden, Madagascar.) 1 vol. in-18 ; *Paris*. 3 50

RDIEU (Amédée), S. CHERUBINI et NOEL des VERGERS. — **Sénégambie et Guinée, Nubie, Abyssinie.** 1 vol. in-8, 38 planches et 4 cartes ; *Paris*. 6 —

ÉVENOT (J.-P.-F.), chirurgien de la marine. — **Traité des maladies des Européens dans les pays chauds**, et spécialement au Sénégal, ou essai statistique, médical et hygiénique sur le sol, sur le climat et les maladies de cette partie de l'Afrique. In-8 ; *Paris*, 1840. 6 —

.OUETTE (Edouard), interne des hôpitaux de Paris. — **De l'introduction et de l'acclimatation des quinquinas** à l'île de la Réunion. Leur histoire, leur étude. Thèse présentée et soutenue à l'Ecole supérieure de pharmacie de Paris. 1 vol. in-8 ; *Paris*, 1879. 4 —

ALLON (A.), lieutenant de vaisseau. — **La Casamance, dépendance du Sénégal.** (Mars avril 1862). Br. in-8, avec carte, extr. de la *Revue mar. et col.* 2 —

La côte occidentale d'Afrique. *Revue mar. et col.* 1863.

RNEUIL. — **Mes aventures au Sénégal**, souvenirs de voyage ; 1858. 1 vol. in-18. 1 —

ALCKENAER. — Collection des **relations de voyage** par terre et par mer en différentes parties de l'Afrique, depuis l'an 1400 jusqu'à nos jours. 1831.

CARTES DE L'AFRIQUE FRANÇAISE (Colonies)

Sénégal, Guinée, Gabon, Ogowé, La Réunion, Madagascar, Obock

arte du **Haut-Sénégal et du Haut-Niger**, *mission Galliéni*, dressée par MM. Vallière et Pietri. Magnifique carte au 1/100,000, grand monde, en quatre couleurs ; accompagnée d'une carte de profils, en couleur. 8 —

rte du **Haut-Sénégal**, campagne 1880-1881, levée sous la direction de M. le commandant Derrien. 6 feuilles colombier au 1/100,000, en trois couleurs ; accompagnées d'une carte de profils, en couleur. 12 —

nvirons de **Médine.** Mission topographique du Haut-Sénégal, carte au 1/50,000. 1 feuille en quatre couleurs. 2 —

Environs de Kita. Même mission, carte au 1/50,000. 1 feuille en qua
couleurs. 2

Itinéraire de Kita à Margoula. Même mission, carte au 1/50,000. 1 feuil
en quatre couleurs. 2

Carte du Soudan occidental, dressée par E. Mage, lieutenant de vaissea
1 feuille grand-aigle. 4

Petite carte du Soudan occidental, dressée par E. Mage. Hauteur 30 ce
timètres. 2

Le Haut-Sénégal. Reconnaissance d'un tracé économique du chemin
fer de Médine au Niger, par la mission topographique du command
Derrien. 1 feuille demi-raisin. 1

Carte des Etats sérères, dressée sous la direction du colonel du géni
Pinet-Laprade, commandant supérieur de Gorée, par M. Bagay, a
448,000, 1865. 2

Itinéraire du voyage fait en 1860 chez les Brakna, par M. Bourrel, e
seigne de vaisseau, 1

Carte des pays de Sine et Saloum (Gambie), d'après les travaux d
de M. Jariez, par M. Mage, 1853. 1

Cartes de l'Afrique française du Dépôt de la Marine

1883. Carte du Sénégal, de la Falémé et de la Gambie, jusqu'au
limites où ces rivières ont été explorées, dressée sous la directio
du général Faidherbe, par M. le baron Ch. Brossard de Corbi
gny. 2

1296. Cours du fleuve du Sénégal, depuis Podor jusqu'à son embouchure
Sondes d'atterrissages de Saint-Louis, par Ch. Ploix et Ph. d
Kerhallet. 1

300. Presqu'île du Cap-Vert et rade de Gorée. Baron Roussin e
Givry. 2

3481. Port et mouillage de Dakar. Leclerc. 1

2675. Embouchure de la Gambie. 2 —

3019. Cours de la Casamance, de son embouchure à Diannah, par
Vallon. 2 —

1314. Estuaire du Gabon. Ch. Ploix. 2 —

3414. Gabon (intérieur de l'estuaire). Aymès. 2 —

3358. Du Gabon au cap Frio. Ch. Ploix. 2 —

2792-2793. Croquis du fleuve Ogooué. Aymès, 1re et 2e feuilles. 4 —

1847. Crique de l'Emigration (embouchure du Rio-Congo). » 75

2107. Embouchure du Rio-Congo au Zaïre. Soury. 2 —

1223. Carte des côtes de l'île de la Réunion. Amiral Cloué. 2 —

992. Mouillage de Saint-Denis (île de la Réunion). Jehenne. 1 —

1234. Iles de France et de la Réunion. 2 —

1226. Côte de Sainte-Marie. Amiral Cloué. 1 —

875. Canal de Mozambique et île de Madagascar. Daussy. 2 —

42. Partie occidentale de **Madagascar**, du cap Saint-Vincent au cap Saint-André. De la Roche-Poncié. 2 —
41. Partie septentrionale de **Madagascar**, de la baie d'Antongil au cap Saint-André. De la Roche-Poncié. 2 —
0. **Bavatoubé** (côte Nord-Ouest de Madagascar). Jehenne. 1 —
6. Ile **Mayotte**, Jehenne, Protet et Trébuchet. 2 —
6. Vues de la côte d'**Arabie**, des îles **Galéga**, **Coëtivi**, des atterrages de **Bombay**, de la côte de Madagascar, de **Nossi-Bé** et **Nossi-Cumba**. Jehenne. 1 —
.7. Vues de l'île **Mayotte**. Jehenne. 1 —
. Ile et canal de **Sainte-Marie** de Madagascar. Rade et port de Sainte-Marie. Owen, Laurent et de Venancourt. 1 —
90. Port d'**Obock** (côte d'Abyssinie). 1 —

AMÉRIQUE FRANÇAISE

uyane française. Cayenne, La Grenade, Le Kourou, Le Maroni, etc.
ntilles françaises. La Martinique, La Dominique, St-Barthélemy, La Guadeloupe et dépendances, Haïti, Montserrat, St-Christophe, St-Martin, Ste-Croix, St-Domingue, etc.
t-Pierre-et-Miquelon. Terre-Neuve, les bancs, etc.

CHARD (Mathieu-Justinien), pharmacien de 1re classe. — Note sur la sangsue officinale, sa reproduction aux Antilles ; *Saint-Pierre* (Marseille), in-18, 1823. (*Annales marit. et colon.*, 1824, t. XXII.)

IENET (Léon), ex-chirurgien de la marine. — Du climat des Antilles et des précautions que doivent prendre les Européens qui se rendent dans cette région. Thèse in-4 ; *Paris*, 1823.

MIC (J.-C.-G.), premier médecin en chef de la Martinique. — Dissertation sur la fièvre jaune observée à la Guadeloupe. Thèse in-8 avec une vue de la soufrière de la Guadeloupe ; *Paris*, 1879.

NONYME. — Décret sur la recherche et l'exploitation des gisements aurifères à la Guyane française. Br. in-8; *Cayenne*, 1881. 1 50

Almanach de la Guadeloupe de 1772 à 1778. (Bibliothèque ministère de la marine).

Annuaire de la Guadeloupe. 1 vol. in-18, paraissant chaque année, depuis 1853.

Annuaire de Saint-Pierre-et-Miquelon. In-18, publié chaque année.

Annuaire de la Martinique. 1 vol. in-18, paraissant tous les ans.

B.-D.-R. — Conjectures sur la cause du tétanos, ou mal de mâchoire qu'on observe à Cayenne et ailleurs. (*Gaz. de Santé*, janvier 1784).

Guyane française et fleuve des Amazones (n° 574). In-8 ; *Paris*, 1877. 3 50

AUBE, contre-amiral. — **La Martinique** : son présent et son avenir. In-8 extr. de la *Revue mar. et col.*, 1882. 3

BEAUJEAN (J.-B.-J.), médecin en chef. — Immigration indienne. Raport sur le voyage du *Richelieu* de Pondichéry à la Martinique, (1860) *Revue alg. et colon.*, 1860. 1 5

BOUINAIS (A.), capitaine d'infanterie de marine, licencié en droit, etc., etc
— **Guadeloupe physique, politique, économique**, avec une notic historique, 1 vol. in-18. 2 -
Le même ouvrage avec une très belle cartes en cinq couleurs. 5
La carte seule 3

BOUYER (Frédéric), capitaine de frégate. — **La Guyane française** notes et souvenirs d'un voyage exécuté de 1862-1863. 1 vol. in-4, tiré su papier teinté, avec 100 gravures et 3 cartes, *Paris*, 1867. 25

CASPARI. — **Une mission à la Guadeloupe**. Note de géographie physique. (*Revue mar. et col.*, 1871.) 1 50

CHATON (Prosper), ancien consul de France au Brésil. — **Avenir de l Guyanne française**. Br. in-8 ; *Cayenne, Paris*, 1865. 2 50

CLOUÉ (G.-C.), amiral. — **Pilote de Terre-Neuve**, In-8. tome I, avec un index des cartes de Terre-Neuve, 36 planches (1 à 36) de vues et une carte index des stations, lignes et câbles télégraphiques de Terre-Neuve (n° 646). *Paris*, 1882. 8 —
— **Pilote de Terre-Neuve**. In-8, tome II, avec une carte index des parties décrites dans le Pilote de Terre-Neuve, 36 planches (37 à 72) de vues (n° 647). *Paris*, 1882. 6 —

CREVAUX (J.), docteur.— **Voyages dans l'Amérique du Sud**, contenant : 1° Voyage dans l'intérieur des Guyanes (1876-1877).— I. Exploration du Maroni et du Vary.— II. De Cayenne aux Andes (1878-1879). Exploration de l'Oyapock, du Parou, de l'Ica et du Yapura. — III. A travers la Nouvelle-Grenade et le Venezuela (1880-1881). Exploration en compagnie de M. E. Le Janne, du Magdalena, du Guavire et de l'Orénoque. — IV. Excursion chez les Guaraounos (1881). 1 vol. gr. in-4, avec 253 gravures sur bois, d'après des photographies ou des croquis pris par les voyageurs, 4 cartes et 6 fac-simile des relevés du Dr Crevaux. — *Paris*, 1883. 50 —

DEPROGE (Ernest), député de la Martinique. — **Lettre à M. le contre-amiral Aube**, ex-gouverneur de la Martinique. Réponse à son libelle : **La Martinique**, son présent et son avenir. Br. in-8 ; *Paris*, 1882. 2 50

DESSALES. — **Histoire générale des Antilles**, 5 vol. in-8; *Paris*, 1847-1848. 30 —

DUVAL (Jules). — Voir l'excellent article sur Saint-Pierre-et-Miquelon, dans son livre : *Les Colonies françaises*.

ERDINGER (J.-D.), médecin de 1re classe. — **Rapport** sur le transport d'émigrants indiens de Pondichéry à Cayenne, effectué par l'*Inverallan*. (*Revue mar. et colon.*, 1873.) 1 50

ÉNIN (E.), professeur agrégé au Lycée de Nancy. — **L'île Maurice, la Réunion et les productions de l'Inde.** Extraits du manuscrit Thiriot, revu et annoté. Br. in-8 ; *Douai-Paris* 1882. 1 25

UC (Théophile). — **La Martinique.** Etude sur certaines questions coloniales. In-8 ; *Paris*, 1877. 3 —

E PELLETIER DE SAINT-RÉMY, auditeur au Conseil d'Etat. — **Saint-Domingue.** Études et solutions nouvelles de la question haïtienne, histoire et géographie. 2 vol. in-8 avec carte. 15 —

ARGRY (P.). — **Belain d'Esnambuc et les Normands aux Antilles**, d'après des documents nouvellement retrouvés. Gr. in-8 avec planches ; *Paris*, 1863. 3 —

AUGEY (N.-P.), commissaire spécial de l'immigration de la Guyane française. — **L'immigration à la Guyane anglaise.** Br. in-8. (Extrait de la *Revue mar. et col.*, 1862.) 1 25

OURIÉ (J.-F.-H.). — **La Guyane française.** Notice géographique et historique sur la partie habitée par les colons. 1 vol. in-12 accompagné de 3 cartes ; *Paris*, 1873. 3 50

ARDON, chef de bataillon du génie. — **La Martinique depuis sa découverte jusqu'à nos jours**, 1 vol. in-8 avec cartes, *Paris*, 1877. 6 —
La Guadeloupe depuis sa découverte jusqu'à nos jours. 1 vol. in-8 avec 2 cartes ; *Paris*, 1881. 5 —

LOIX (E.), ingénieur hydrographe de la marine. — **Pilote de la Guadeloupe** (n° 537). In-8 ; *Paris*, 1875. 3 50.

ALLOT des NOYERS. — **Mer des Antilles et Golfe du Mexique**, première partie (n° 564). 1 vol. in-8 ; *Paris*, 1876. 6 —
- Dito deuxième et troisième partie (n° 542). In-8 ; *Paris*, 1877. 14 —

IDNEY DANEY, membre du Conseil colonial de la Martinique. — **Histoire de la Martinique depuis sa colonisation jusqu'en 1815.** 6 vol. in-8 ; *Fort-Royal, Paris*, 1846. 48 —

VIDAL (G.), lieutenant de vaisseau. — **Voyage d'exploration dans le Haut-Maroni** (Guyane française). Br. in-8, ext. de la *Revue mar. et col.*, 1862, avec une carte. 2 50

CARTES DE L'AMÉRIQUE FRANCAISE

Antilles, Guadeloupe, Guyanne, Cayenne, La Martinique, St-Pierre-et-Miquelon, etc.

Carte de la Guadeloupe et dépendances, par A. Bouinais, capitaine d'infanterie de marine. Très belle carte en 9 couleurs. 3 —

CARTES DE L'AMÉRIQUE FRANCAISE DU DÉPOT DE LA MARINE

3125-3775-3418-3419-3422. Cartes particulières de la **Guadeloupe.** Ch. Ploix, Caspari et Gourdon. 5 feuilles gr. aigle. 10 —

3423. Carte générale de la **Guadeloupe.** Ed. Ploix et Caspari. 2 —

1003. Partie des Antilles entre la **Martinique** et **Cristophe**. Keller. 2 —
1728. Ile de **St-Domingue**. Sorrel. 2 —
2091. Du **Rio-Janeira** au **Rio de la Plata** et au **Paraguay**. Mouchez. 2 —
2765-2796-2797-2800. **Ilha-Grande**, Brésil. Mouchez. Ensemble. 8 —
1959. **Rio de la Plata**. Mouchez. 2 —
1060. Mers du **cap Horn**. Iles Malouines. 2 —
877. Carte du détroit de **Magellan**. King et Fitz-Roy, 2 —
3273. Ile de la **Grenade**, Antilles. 2 —
3059. Iles de la **Trinité**, Antilles. W. Chimmo. 2 —
383. Carte générale de la **Martinique**. Monnier et Le Bourguignon-Duperré. 2 —
386. Carte particulière des côtes de la **Martinique**, partie septentrionale. 2 —
387. Plan de la baie de **Fort-Royal**, Martinique. 2 —
1000. Iles **St-Pierre-et-Miquelon**. De la Roche-Poncié. 2 —
982. Plan de l'île **St-Pierre**. De la Roche-Poncié. 2 —
1437. Du détroit de Belle-Isle à Boston. L'île et les bancs de **Terre-Neuve**. 8 —
3437. Carte de l'île de Terre-Neuve. 2 —
3855. Carte générale des bancs de **Terre-Neuve**. Lavaud. 2 —
312-817-1453-1987. Côtes de **Terre-Neuve**. Cloué, Pierre, Cook et Bullok. 8 —
3001. Carte de Venezuela et de **Guyane**. Du golfe de Paria au cap d'Orange. 2 —
2459. Côte de **Cayenne** entre le Grand Connétable et les îles du Salut (Guyane). Mouchez, de Libran, Turquet, etc. 2 —
2386. Sondes devant la rivière de Cayenne. Mouchez. 2 —
2729. Côtes de la **Guyane**, depuis Cayenne à l'embouchure de l'Amazone. Mouchez. 2 —
2222. Fleuve **Oyapoch**, de l'embouchure au pénitencier St-Georges. Couy et de Mouchy. 2 —
2148. Carte routière de la côte du **Brésil**, de l'embouchure de l'Amazone à Céara. Mouchez. 2 —
2753. Carte routière du **Brésil**, de Céara à Bahia. Mouchez. 2 —
2054. Entre **Rio-Janeiro** et **Bahia**. Mouchez, de Fonceca, Richier, Kiesel, Mauzac, Gaillard et Mello. 2 —

ASIE FRANÇAISE

(Voir notre Catalogue spécial à l'Extrême-Orient)

Inde française. Pondichéry, Karikal, Yanaon, Mahé, Chandernagor, etc.
Cochinchine française.
Voyage d'exploration en Indo-Chine.

Les pays protégés. Le Cambodge, l'Annam.
Le Tonkin.

– **Annales de l'Extrême-Orient.** Publiées par M. le comte MEYNERS D'ESTREY, membre de l'Institut royal des Indes néerlandaises, avec le concours de MM. SCHOUW-SANTVOOT, P.-J. VETH, le marquis de CROIZIER, VON ROSENBERG, le docteur LEGRAND, H. VAN WAEY, LIGTVOET, Frédéric PRACHIM et KAIBIN, WALLON, le docteur MAGET, etc., etc.

Tome 1er, avec cartes, vues et plans. 15 —
Tome 2, avec cartes, vues et plans. 15 —
Tome 3, avec cartes, vues et plans. 15 —
Tome 4, avec cartes, vues et plans. 15 —
Tome 5, avec cartes, vues et plans. 15 —

– **Bulletin du comité agricole et industriel de la Cochinchine,** paraissant depuis le 1er novembre 1865, par cahiers, format gr. in-8. *Saïgon, Paris,* chez CHALLAMEL aîné.

– **La Cochinchine française en 1878,** par le comité agricole et industriel de la Cochinchine. 1 vol. gr. in-8, orné d'une carte coloriée et des plans de Saïgon et de Cholen, en couleurs; *Paris*, 1878. 10 —

– **La Cochinchine française,** publié d'après les documents du ministère de la marine. Br. in-8, avec une carte, par M. MANEN; *Paris,* 1865. 2 50

– **Cochinchine française. Excursions et reconnaissances.** Paraissant par fascicules gr. in-8, avec planches. (Les cinq premiers sont déjà très rares et recherchés.) Prix de chaque fascicule. 4 5

– **Annuaire** des établissements français de l'Inde, paraissant chaque année.

– **Etat de la Cochinchine française en 1881.** 1 vol. in 4; *Saïgon* 1882. 7

– **Etudes** sur les origines judiciaires dans les établissements de l'Inde par F. N L.. Br. Ext. de la *Rev. mar. et col.,* 1862. 1 5

– **Relation** de l'ambassade de M. le chevalier de Chaumont à la cour du Roi de Siam, avec ce qui s'est passé de plus remarquable durant son voyage 1 vol. in-8. *Paris,* 1687, relié. 6

BOUINAIS (A.), capitaine d'infanterie de marine, licencié en droit, etc., etc et PAULUS, professeur à l'Ecole Turgot. — **La Cochinchine contem poraine.** 1 vol. in-8 avec carte; *Paris.* 6

BOURGEOIS (S.), contre-amiral. — **Renseignements nautiques** recueilli à bord du *Duperré* et de *La-Forte,* pendant un voyage en Chine, 1860 1862. Ext. de la *Revue maritime et coloniale,* 1863. 2 5

CANDÉ (J.-B.), médecin de deuxième classe de la marine, médecin aide major.— **De la mortalité des Européens en Cochinchine** depuis l conquête jusqu'à nos jours, avec une description de la ville de Saïgon e des plans de la caserne d'infanterie et de l'hôpital de la marine. In-8; *Paris* 1881. 4

CHAROLAIS (LOUIS DE).— **L'Inde française.** Deux années sur la côte d Coromandel. 1 vol. in-18; *Paris,* 1877. 3 5

CODINE (J.).— **Mémoire géographique** sur la mer des Indes. 1 vol. in-8; *Paris*, 1868. 6 —

DABRY de THIERSANT, consul de France. — **Pisciculture et pêche en Chine.** *Paris*, 1871, 1 vol. grand in-4, orné de 51 planches représentant les principales espèces de poissons, les appareils et engins de pêche, et précédé d'une introduction sur la pisciculture chez les divers peuples, par le docteur L. Soubeiran. 40 —

DABRY de THIERSANT. — Voyez SOUBEIRAN.

DUBOIS de JANCIGNY. — **Japon, Cochinchine, Empire Birman, Annam, Siam, Tong-King, Ile de Ceylan** etc. 1 vol. in-8, 19 planches et 3 carte; *Paris*, S .D. 6 —

DUPUIS (J.), négociant. — **L'ouverture du fleuve rouge au commerce et les évènement du Tong-King**, 1872-1873. Journal de voyage et d'expédition. Ouvrage orné d'une carte du Tong-King, d'après les documents les plus récents, du portrait de l'auteur et d'une préface par M. le marquis de Croizier. 1 vol. in-4. (Tome II des *Mémoires de la Société académique indo-chinoise, de Paris*); *Paris*, 1879. 15 —

ESQUER (A.), conseiller à la Cour d'appel de Pondichéry. — **Essai sur les castes dans l'Inde.** Utilité possible et but de cette étude. Origine et étude de la distinction des castes. Classes mêlées. Diffusion des castes. Résultat. Etat actuel des castes dans l'Inde. Extinction des castes. Avenir et régénération de l'Inde. Conclusion. 1 beau vol. in-8; *Pondichéry*, 1871. 20 —

GARNAULT (J.-A.), pharmacien. — **Note** au sujet de l'importance qu'il y aurait à réunir en une collection et à étudier d'une manière sérieuse les produits industriels de la Cochinchine. (*Bulletin du commerce agricole et industriel de la Cochinchine*, 1868.)

— **Note** sur une écorce aromatique. (*Idem, idem*)

— **Note** relative à des observations sur le climat de la Basse-Cochinchine, comprenant : 1° Tableau résumant les observations météorologiques faites en Cochinchine depuis l'occupation jusqu'en 1867; 2° tableau des observations météorologiques en 1867; 3° extrait d'un rapport sur le service météorologique en 1867. (*Idem, id., id.*)

GARNIER (Francis). — **De la colonisation** de la Cochinchine. Br. in-8; *Paris*, 1865. 1 25

— **Voyage dans la Chine centrale**, vallée du Yang-Tzu. Fait de mai à août 1873. Br. in-8 avec une carte. (Extr. du *Bulletin de la Société de Géographie*); *Paris*, 1874. 2 50

GÉNIN (E.), professeur agrégé au Lycée de Nancy. — **J. Dupuis et Francis Garnier au Tonkin.** Br. in-8. (*Ext. du Bull. de la Soc. de géog. de l'Est*, 1882.) 1 —

— **De l'importance de la voie commerciale du Song-Hoï.** Br. in-8. (*Ext. du Bull. de la Soc. de géog. de l'Est*, 1883.) 1 —

— **Les cinq voyages du Dr Harmand en Indo-Chine**, 1875-1877. *Bull. de la Soc. de géog. de l'Est*, 1882. » 60

— De France en Inde. **La marine française dans l'Atlantique et la mer des Indes**, de 1781 à 1783. Campagnes de l'Inde. Extrait du manuscrit Thiriot, revu et annoté. Br. in-8 ; *Douai-Paris*. 1 25

— **Mœurs des Indiens**. Extrait du manuscrit Thiriot. Br. in-8 ; *Nancy-Paris*, 1882. 1 25

— Documents inédits sur l'histoire et la géographie de l'**Inde française**, d'après le manuscrit n° 448 de la bibliothèque de Nancy, intitulé : Voyage dans l'Indoustan, par *Thiriot*. Paris, 1881. 1 2"

GIBERT (Eugène), secrétaire de la Société académique indo-chinoise. **L'Inde française** en 1880. Br. gr. in-8; *Paris*, 1881. 1 2"

GRAMMONT (L. de), capitaine. — **Notice sur la Basse-Cochinchine**. Br extr. du *Bulletin de la Société de Géographie* ; *Paris*. 1 2

HUMBERT (Aimé), ancien envoyé extraordinaire et ministre plénipotentiair de la Confédération suisse. — **Le Japon illustré**, ouvrage contenant 17(vues, scènes, types, monuments et paysages, dessinés par E. Bayard, H Catenaci, Eug. Cicéri, L. Crépon, Hubert Clerget, A. de Neuville M. Rapine, E. Théroud, etc. 2 vol. in-4 avec une carte et cinq plans *Paris* 1870. 60

HUREAU de VILLENEUVE. — **La France dans les mers asiatiques** Br. in-8; *Paris*, 1858. 1 5(

JANNEAU (G.). — **Luc-Van-Tien**, poëme populaire annamite, transcri pour la première fois en caractères latins, d'après les textes en caractère démotiques. 1 vol. in-8, 2° édition, accompagnée de notes et planches *Paris*, 1873. 6

JULIEN (Stanislas). — Résumé des principaux **traités chinois** sur la cu ture des muriers et l'éducation des vers à soie, traduit par Stanisla Julien. Publié par ordre du ministre des travaux publics, de l'agricultur et du commerce. 1 vol. in-8 avec 10 planches; *Paris*, 1837 10

KERGARADEC (de), lieutenant de vaisseau, consul de France à Hanoï. **Rapport sur la reconnaissance du fleuve du Tonkin**. Br. in-8 e. trait de la *Rev. mar. et col.*, 1877. 2

LANOYE (de). — **L'Inde** contemporaine, 1858. 3 5

LECLERC (O.-J.-F.-M.), chirurgien. — **Immigration indienne**. Transpoi de 429 Indiens pris à Pondichéry et débarqués à la Martinique, navire Siam. *Revue alg. et col.*, 1860.

LEGRAS (L.), capitaine de frégate, ancien chef de service des instructions a dépôt de la marine. — **Mer de Chine** (1re partie). Instructions nautiqu sur la côte Est de la Malaisie, le golfe de Siam, les côtes de la Cochinchin le golfe du Tonkin et la côte Sud de la Chine (n° 395). 1 vol. in-8 ; *Pari* 1865. 3

— **Mer de Chine** (2° partie). Instructions nautiques sur les côtes Est de mer de Chine, la mer Jaune, les golfes de Pé-tchi-li et de Liau-Tung, et côte Ouest de la Corée, traduit de l'anglais par Vautré et annoté (n° 37 In-8; *Paris*, 1863. 3

— **Mer de Chine** (3ᵉ partie). Les îles et les passages entre les Philippines et le Japon ; les îles du Japon (nº 584). In-8 ; *Paris*, 1867. 7 —

— **Mer de Chine** (4ᵉ partie). Instructions nautiques pour naviguer sur les côtes Ouest et Nord-Ouest de Bornéo, les détroits de Balabac, les côtes Ouest et Est de Palawan, les îles Calamianes, le détroit de Mendoro et les côtes Sud-Ouest et Ouest de l'île Luçon, suivies d'une description des bancs de la mer de Chine (nº 447). In-8 ; *Paris*, 1868. 9 —

— **Mer de Chine** (5ᵉ partie). Instructions nautiques sur la mer du Japon, la côte Ouest du Nipon, la côte Est de Corée et la côte de Tartarie, le détroit de Tsugar, les îles Kouriles, le détroit de la Pérouse, la mer d'Okhotsk et Kamtschatka (nº 432). In-8 ; *Paris*, 1867. 5 —

— **Mer de Chine** (2ᵉ partie). Renseignements nautiques sur la côte Ouest de la Corée et la rivière de Seaul (nº 434). In-8 ; *Paris*, 1867. 2 —

— **Supplément** aux instructions sur la mer de Chine (à la 2ᵉ partie nº 373), contenant des instructions sur les côtes Est de Chine, la mer Jaune, les golfes de Pé-tchi-li et de Liau-Tung et la côte Ouest de la Corée, traduit de l'anglais par Costa (nº 404). In-8 ; *Paris*, 1865. 2 —

— **Mer de Chine** (4ᵉ partie). Supplément nº 3 à l'instruction nº 447 (ce supplément remplace le chapitre VI). In-8 ; *Paris*, 1871. 1 —

— **Route des bâtiments à vapeur** dans l'océan Indien, d'Aden au détroit de la Sonde, et retour. Instructions publiées par J.-E. Cornelissen (nº 496). *Paris*, 1872. 2 —

LESERTEUR (E.-G.), directeur au séminaire des Missions étrangères. — Le **Hoàng-Nàn**, remède tonquinois contre la rage, la lèpre et autres maladies. In-8 ; *Paris*, 1879. 2 50

MALLESON, lieutenant-colonel. — **Histoire** des Français dans l'Inde, depuis la fondation de Pondichéry jusqu'à la prise de cette ville 1674-1761. Traduction française de Mme Le Page. 1 vol. in-8 ; *Paris*, 1874. 7 50

MEYNERS D'ESTREY (le Comte) **L'art Médical en Chine.** Br. gr. in-8, 1882. 1 50

MILLOT (Ernest), ancien président du Conseil d'administration municipale de la concession française de Chang-Haï. — **La France** dans l'Extrême Orient. La concession française de Chang-Haï, conférence faite à la Société académique indo-chinoise. Br. in-8 ; *Paris*, 1881. 1 —

— **La concession française** de Chang-Haï. Réponse à MM. P. Brunat, J. Chapsal et E.-G. Vouillemot. 1 50

MOURA (J.), ancien officier de marine, ancien représentant du gouvernement français au Cambodge. — **Le royaume de Cambodge.** 2 vol. gr. in-8 avec planches et cartes. 30 —

PARIS (A.), lieutenant de vaisseau. — **Une excursion à Kiotto**, capitale du Japon. In-8, accompagné de grandes planches et de figures dans le texte ; *Paris*. 2 —

PLOMB (J.), chirugien de la marine. — **Rapports** sur un voyage de rapatriement d'Indiens des Antilles françaises à Pondichéry et sur un transport d'Indiens de Pondichéry à Cayenne. Br. in-8 ; 1863. 1 50

IHAN (A.-P.) **Exposé des signes de numération** usités chez les peuples orientaux anciens et modernes. Cet ouvrage, qui est un véritable chef-d'œuvre typographique, contient plus de 1.200 signes de numération dont la collection complète n'existe dans aucune autre imprimerie qu'à l'imprimerie nationale de Paris. 1 beau vol. in-8 ; *Paris*, net.   7 —

RAVIER (M.-H.), miss. apost. societatis Parisiensis missionem ad exteras — **Dictionarium** latino — Annamiticum completum cui accedit. Appendix præcipuas voces proprias cum brevi explicatione continens. 1 fort volume in-4°. Minh-Phu ex typis missionis Tunquini occidentalis, 1880.   75 —

ROCHER (Emile), administration des douanes de Chine. — **La province chinoise du Yün-Nan.** 2 vol. in-8, avec planches ; *Paris* 1880.   25 —

ROSNY (L. Léon de). — **Etudes asiatiques de géographie et d'histoire**, L'ouverture du Japon. L'Ile de Yeso. Les îles de Lou-tchou. La Corée. L'empire d'Annam. Le Kamboje. Le royaume de Siam. L'empire Birman. Le Thibet. Le Ladâk. Le Khanat de Boukara. La Perse contemporaine. Le Nippon, ou archives de M. Von Siebold. Les Parsis, d'après un parsi de Bombay. Le fleuve Amour, d'après les documents russes, etc. 1 vol. in-8 ; *Paris*, 1864.   7 5

ROMANET du CAILLAUD. — **Les produits du Tong-King** et des pays limitrophes. Br. in-8 avec carte.   1 2

— **Histoire de l'intervention française au Tong-King**, de 1872 à 1874. Un fort vol. in-8 avec carte et planches ; *Paris*, 1880.   6

— **Notices sur le Tong-King**, in-8 ; 1880, avec une carte.   2

ROUSSIN (Alfred), aide commissaire de la marine. — **Une campagn sur les côtes du Japon.** 1 vol. in-8.   3 5

SAINT-PRIEST (de). — **La perte de l'Inde sous Louis XV.** (*Rev. de deux Mondes*, 1875.)

SALLOT DES NOYERS. — **Instructions** sur les îles et passages du grand archipel d'Asie. T. I" comprenant la côte Ouest de Sumatra, ainsi que les îles extérieures, le détroit de la Sonde et la côte Sud de Java (n° 422) In-8 ; *Paris*, 1867.   6

— T. II, comprenant les côtes Nord et Nord-Est de Java, la mer de Java les détroits de Banca, Gaspar, Carimanta et les côtes adjacentes (n° 428) 1 vol. in-8 ; *Paris*, 1868.   6

— T. III, comprenant les îles et les détroits à l'Est de Java, le détroit d'Ombay, celui de Macassar, la mer de Célèbes, la mer des Moluques, le passage de Pitt, les détroits de Gilolo, Pitt et Dampiar, et la mer de Banda (n° 433). 1 vol. in-8 ; *Paris*, 1868.   6

— T. IV, comprenant les détroits de Malacca, Singapour, Durian, Rhio l'archipel Linga et les îles et bancs du passage à l'Est de Bintang(n° 437 In-8 ; *Paris*, 1868.   6

— T. V, comprenant les routes du cap de Bonne-Espérance et de l'Inde e Chine, aller et retour, diverses routes dans les mers, des passages et de renseignements commerciaux (n° 442). In-8 ; *Paris*.   6

SICÉ (F.-E.) sous-commissaire de la marine. — **Législation Hindou** publiée sous le titre de Vyavahara-Sara-Sangraha ou abrégé substantiel de droit par Madura-Kandasvami-Pulavar, traduite du Tamil par F.-E. Sicé. In-8 ; *Pondichéry*, 1857. 10 —

— **Traité** des lois mahométanes, ou recueil des lois, us et coutumes des musulmans du Décan. 1 vol. in-8 ; *Paris*, 1841. 6 —

SOUBEIRAN (Léon) et DABRY DE THIERSANT. — La matière médicale chez les Chinois, précédé d'un rapport à l'Académie de médecine de Paris, par le professeur Gubler. 1 vol. in-8. 7 50

TABERD (J.-L.), episcopo isauropolitano, vicario apostolico conicinæ, cambodiæ, asiaticæ Societatis pariensis, nec non Bengalensis socio honorario.— **Dictionnarium** latino-anamiticum et **dictionnarium** anamitico-latinum, primitus inceptum ab illustrissimo et reverendissimo 50 —

— **Dictionnarium** anamitico-latinum ex opere. Ill. et Rév. Taberd constans, necnon ab Ill. J.-S. Theurel episc. Acanthensi et vicario apost. Tunquini Occidentalis recognitum et notabiliter adauctum, ad quod accedit Appendix de vocibus sinicis et locutionibus minus usitatis. Imprimé à *Ninh Phu*. 1 beau vol. in-4 à 2 col. de 670 pages. 50 —

THEUREL (Ill. et Rév. J.-S.), voyez Taberd. — Dictionnarium anamitico-latinum. 50 —

THÉVENET, ingénieur des ponts-et-chaussées. — **Les travaux publics et les voies de communication en Cochinchine**. In-8 avec 3 planches ; *Saïgon*, 1880. 7 —

THUREAU (H.). — **Le Tong-Kin, Colonie française**. Br. in 8 avec une carte; *Paris*, 1883. 2 —

VIAL (P.). capitaine de frégate, ancien directeur de l'intérieur en Cochinchine. — **Les premières années de la Cochinchine française**, colonie française. 2 vol. in-18, avec carte préface par M. Rieunier, capitaine de vaiseau; *Paris*, 1874 6 —

VILLENEUVE (P. de). — **Les affaires du Tong-King** et le traité français. Br. in-8. Ext. du *Correspondant*, *Paris*, 1874. 1 —

VIMEUX (Paul). — **De l'immigration en Cochinchine**. (Etudes sur la Cochinchine française). Br. in-8; *Paris*, 1874. 1 50

(*Voir notre Catalogue n° 4 spécial à l'Extrême-Orient*)

CARTES DE L'ASIE FRANCAISE

Inde française, Cochinchine française, Voyage d'exploration en Indo-Chine, les pays protégés, le Tonkin.

Carte de la Cochinchine française. Réduction de la Cochinchine en 20 feuilles, de M. Bigrel, capitaine de frégate, corrigée d'après les documents les plus récents. 1 feuille en couleurs. 2 50

Plan de la ville de Saigon, dressé par le chef du service des travaux publics à Saigon. 1 feuille en couleurs. 2 —

Carte de l'**Empire d'Annam**, d'après la carte publiée en 1838 par Mgr Pallegoix, évêque de Mallos, sous le titre *Annamdai quôc Hoa-Do seu*

Tabula geographica imperii annamitici ab auctore dictionarii latino-annamitico disposita. Réimprimée en 1862. 3 —

Carte du **Royaume de Siam**, avec un plan de Bangkok et ses environs, dressée par Mgr PALLEGOIX, évêque de Siam. 1 feuille coloriée. 2 —

Panorama de Saigon, par M. J. FAVRE, capitaine d'infanterie de marine, dessiné par M. H. CLERGET, gravé par M. LEPÈRE. 1 feuille grand aigle, avec une notice sur la Cochinchine. 3 —

Carte de l'**Indo-Chine orientale**, par J.-L. DUTREUIL DE RHINS. 1 feuille grand-aigle, imprimée en quatre couleurs. 5 —

— *La même*, en 4 feuilles grand-aigle, imprimée en quatre couleurs. 15 —

Carte des **Missions de l'Indo-Chine**, par E.-C. L. (M. l'abbé LESSERTEUR), missionnaire. 1 feuille demi-aigle coloriée ; *Paris*, 1879. 4 —

Carte du **Tonkin**, publiée avec l'autorisation de M. le Ministre de la Marine et des Colonies, par M. A. GOUIN, lieutenant de vaisseau, d'après les travaux de MM. LES INGÉNIEURS-HYDROGRAPHES DE LA MARINE, les OFFICIERS DE VAISSEAU, les MISSIONNAIRES DES MISSIONS ÉTRANGÈRES, MM. DUTREUIL DE RHINS, J. DUPUIS, ROMANET DU CAILLAUD, MALLART, VILLEROI, L. DE KERGARADEC et d'après les cartes annamites. 1 feuille grand-aigle imprimée en trois couleurs. 4 —

Carte de l'**Asie orientale**, comprenant l'Empire chinois, le Japon, l'Indo-Chine et le grand archipel d'Asie, par ANDRIVEAU-GOUJON. 2 feuilles demi-jésus. 5 —

Carte d'**Atchin**, par L. WALLON, dans le tome Ier des *Annales de l'Extrême-Orient*.

Carte **Itinéraire à travers Sumatra**, par J. SCHOUW-SANTVOORT, dans le même tome de *l'Extrême-Orient*.

Carte **Itinéraire de Djambi à Palembang** (Sumatra), par le même.

Le Thibet et les régions avoisinantes, petite carte, dans le tome II des *Annales de l'Extrême-Orient*.

Cartes de l'Asie française du Dépôt de la Marine

957.	Côtes orientales de **Chine**. 1 feuille grand-aigle.	2 —
3002.	Mers de **Chine**. 1 feuille grand-aigle.	2 —
1844.	Partie des **Côtes de Chine**, golfe du Tonkin et détroit d'Haïnan.	2 —
3519.	Carte générale du **Delta du Tonkin**. HÉRAUD et BOUILLET.	2 —
3537-3524-3533.	**Delta du Tonkin**. Feuille 1re : La côte et les embouchures, les cours des rivières et des canaux entre les îles Nerway et le méridien du Cua-Ba-Lac. — Feuille 2e : La côte et les embouchures entre le Cua-Ba-Lac et le Loch-Tron. — Feuille 3 : Cours du Snog-Ca et des rivières et des canaux compris entre les méridiens du Cua-Balac et de Hanoï. Ensemble	6 —
3776.	**Rivière et ville de Hué**. DUTREUIL DE RHINS.	2 —
1254-1271.	**Mer de Chine**. Feuille 1re : Côte méridionale de la Cochinchine. — Feuille 2e : Côte orientale de la Cochinchine de la pointe Cambodge à Camranh, par J. DE LA ROCHE-PONCIÉ. — Ens.	4 —

1958.	Plan de la **Baie de Tourane**. Côte de Cochinchine. E. Ploix.	2 —
3899.	**Golfe du Tonkin**, de Hué aux îles Culao-Cham, environs de Tourane.	2 —
2193.	Carte de la **Presqu'île de l'Indo-Chine**, du port de Qui-Nhon, à l'entrée de la rivière de Bang-Kok.	2 —
3837-3901-3866.	— **Côtes est de Cochinchine**, de la baie de Comraigne au cap Varella. Baies de Binheang et de Hine. Du cap Varella à l'île Bufle; des îles Buffle à Poulo-Canton. Caspari et Renaud.	6 —
3865.	**Golfe du Tonkin**. De l'île Hon-Tseu au cap Lay, Mer de Chine. Caspari, Rey, Devic et Legras.	2 —
3850.	**Tonkin**. De l'île du Tigre au cap Choumay. Environs de Hué. Caspari, Rey, Devic et Legras.	2 —
2360.	**Port de Saigon**. Vidalin, Héraud.	2 —
2192.	Carte générale de la **Basse-Cochinchine et du Cambodge**. Manen, Vidalin, Héraud.	2 —
2475-2476-2477-2478.	Carte générale de la **Basse-Cochinchine et du Cambodge**. Manen, Vidalin, Héraud. Ensemble	4 —
2460-2461-2462.	**Royaume de Cambodge et de Khmer**. 1ʳᵉ feuille : Le Tien-Giang et le Haû-Giang de Nam-Vang à Wam-Nao, le canal de Vinh-Thé ou d'Hatien, de Chaudoc au golfe de Siam. — 2ᵉ feuille : de Phnom-Penh ou Nam-Vang aux rapides de Sambor. Le Tonly-Sap ou Song-Di-Bien-Ho (bras du lac) de Phnom-Penh au Camnan-Tieu (petit lac). — 3ᵉ feuille : les lacs de Tonly-Sap ou Song-Di-Bien-ho (bras du lac). L'arroyo d'Angcor, et l'arroyo de Bathom-Bang. Manen, Vidalin, Héraud. Ensemble	6 —
863.	Carte de la **mer des Indes**. Daussy et Wiesocq.	2 —
900.	Carte du **golfe du Bengale**. Daussy.	2 —
903.	**Côtes d'Arabie et de Perse**, de Socotra à Bombay. Daussy.	2 —
2373.	Ile de **Ceylan**, du détroit de Palk au golfe de Manaar.	2 —
2372.	Ile de **Ceylan**, partie Sud.	2 —
2254.	**Côte occidentale de l'Hindoustan**, de Bombay à Calicut ; archipel des Laquedives.	2 —

OCÉANIE FRANÇAISE

Polynésie française. Taïti.
Nouvelle-Calédonie. Les îles du Protectorat, les Tuamotou et Gambier, les îles Marquises, l'archipel néo-calédonien.

ANONYMES. — Annuaire des établissements français de Taïti, paraissant chaque année.

— Annuaire de la Nouvelle-Calédonie. Paraissant chaque année.

— Renseignements sur quelques îles de l'archipel des Tuamotou. (*Ann. hydrog.*, 1874.)

— Renseignements sur quelques points des îles Marquises, sur diverses îles des Tuamotou, sur les Gambier et sur l'île Méhétia. (*Ann. hydrog.* 1875.)

— **Routier de l'Australie** (côtes N.-O. et E.) compilé par Ch. YULE R.N., traduit de l'anglais par BESSON (n° 420) ; *Paris*, 1866. 3 —

— **La Nouvelle-Calédonie.** (*Rev. marit. et colon.*, avec carte, fév. et mars 1866.) In-8°. 2 —

— Note sur la transportation à la Guyanne-Française et à la Nouvelle-Calédonie. (*Rev. marit. et colon.*, sept. octob. 1867.)

BANARÉ (A.), capitaine de frégate, chef du service des instructions nautiques au Dépôt des cartes et plans.— **Instructions nautiques sur la Nouvelle-Calédonie.** 1 vol. in-8°, en collaboration avec M. CHAMBEYRON (n° 458) ; *Paris*, 1876. 4 50

BOURGEY. **Une exploration** dans l'intérieur de la Nouvelle-Calédonie. (*Nouv. Annal. des Voyages*, novemb. 1865).

— **Voyages** à travers la Nouvelle-Calédonie de Kanola à Nouméa (*Ann. des Voyages*, décembre 1867).

BOUT (Ch.) **Des exploitations minières** à la Nouvelle-Calédonie. Br. in-8°. Extr. de la *Rev. mar. et colon.* 1873. 1 50

CAVE (PAUL), lieutenant de vaisseau. — **La France en Nouvelle-Calédonie.** Services militaires et maritimes. Br. in-8°. *Paris*, 1878. 0 75

CHAMBEYRON, capitaine de frégate. — **Instructions nautiques sur la Nouvelle-Calédonie.** 1 vol. in-8 en collaboration avec M. BANARÉ (n° 458) ; *Paris*, 1876. 4 50

FRICKMANN (L.-A), lieutenant de vaisseau. — **Routier de l'Australie** (1re partie), côte Sud et partie de la côte Est, détroit de Bass et Tasmanie. Vol. 1er, comprenant du cap Leeuwin au cap de Shanck. *Paris*, 1871. 6 —

— Vol. 2°, Du cap Shanck au port Jackson. In-8 *Paris*, 1871. 6 —

GAUSSIN (P.-L.-J.-B.), ingénieur hydrographe en chef de la marine. — **Du Dialecte de Tahiti**, de celui des **Iles Marquises**, et en général de la **langue polynésienne**, (ouvrage qui a remporté en 1852 le prix de linguistique fondé par Volney. 1 vol. in-8. *Paris*, 1853. 6 —

GRAD (Ch.-A.). — **L'Australie intérieure.** Explorations et voyages à travers le continent australien. 1 vol. in-8 avec carte par V.-A. MALTE-BRUN. In-8 *Paris*, 1864. 5 —

LA HAUTIÈRE (Ulysse DE). — **Souvenirs de la Nouvelle-Calédonie.** Voyage sur la côte orientale. 1 vol in-18, *Paris*, 1869. 3 —

LEMIRE (CHARLES), chevalier de la Légion-d'Honneur.— **La colonisation française en Nouvelle-Calédonie et dépendances** ; comprenant les itinéraires de France à Nouméa, par l'Australie, le cap et l'Amérique ; le tracé kilométrique d'un voyage à pied autour de la grande Terre ; des statistiques sur la colonie et l'Australie ; des tableaux, cartes, plans et gravures, des types indigènes et une vue photographique du chef-lieu. 1 beau vol. in-4 ; *Nouméa, Paris*, 1878. 20 —

— **Guide-agenda** de France en Australie, en Nouvelle-Calédonie et aux Nouvelles-Hébrides, par Suez, Aden, la Réunion et Maurice. 1 vol. in-18 ; *Paris*, relié toile. 3 50

— **Guide-agenda.** Traversée de France en Nouvelle-Calédonie et Taïti par

le cap de Bonne-Espérance et retour par le cap Horn. 1 vol. in-18 ; *Paris*,
relié toile. 3 50

MARIN LA MESLÉE (E.), membre de la Société royale de Sydney, etc. —
L'Australie nouvelle. 1 vol. in-18 avec carte et gravures, préface par
L. SIMONIN ; *Paris*, 1883. 4 —

RIVIÈRE (HENRI), capitaine de vaisseau. — **Souvenirs de la Nouvelle-
Calédonie. L'insurrection canaque.** 1 vol. gr. in-8, illustré d'un beau
portrait de l'auteur et de 45 vignettes, dont 17 hors texte, par J. FÉRAT.
Paris, 1881. 8 —

SCREINER (Alfred). — **La Nouvelle-Calédonie**, depuis sa découverte
(1774) jusqu'à nos jours. *Essai historique*. In-18 avec carte ; *Paris*,
(1882). 4 —

TRIHIDEZ (M. l'abbé TH.), ancien aumônier de la flotte, etc. — **Géographie minéralogique de la Nouvelle-Calédonie** (nickel, cuivre, or,
charbon). Br. in-8 ; *Paris*, 1881. 1 25

VIEILLARD (E.), chirurgien de la marine. — **Etude sur les palmiers
de la Nouvelle-Calédonie.** Br. in-8, 7 pages. Extr. du *Bulletin de la
Société linéenne de Normandie* ; 1871. 2 —

— **Plantes de la Nouvelle-Calédonie.** Br. in-8, 21 pages ; *Caen.* 2 —

— **Notes sur quelques plantes intéressantes de la Nouvelle-Calédonie.** Br. in-8, 23 pages ; *Caen*, 1866. 2 —

VIEILLARD et DEPLANCHE. — **Essais sur la Nouvelle-Calédonie**,
Réunion des articles publiés dans cinq numéros de la *Revue maritime et
coloniale*. 10 —

VINCENDON-DUMOULIN et DESGRAZ. — **Iles Taïti.** Esquisse historique
et géographique précédée de considérations générales sur la colonisation
française dans l'Océanie. 2 parties, fort in-8 avec carte ; *Paris*, 1844. 15 —

WALLUT, enseigne de vaisseau. — **Australie. Côte Est** ; vues de côtes.
(N° 637.) 35 planches, cartonné. 6 —

CARTES DE L'OCÉANIE FRANCAISE

POLYNÉSIE FRANÇAISE, NOUVELLE-CALÉDONIE, ILES DU PROTECTORAT, LES
TUAMOTOU ET GAMBIER, ILES MARQUISES, L'ARCHIPEL NÉO-CALÉDONIEN.

Carte de la Nouvelle-Calédonie, dressée d'après la grande carte marine
et le relevé d'un voyage à pied autour de l'île, au 1/440,000, par Charles
LEMIRE, chef de la mission télégraphique. *Nouméa*, une très belle carte
en quatre couleurs. 5 —

Nouméa, presqu'île Ducos, île de Nou, au 1/40,000, par Ch. LEMIRE.
1 carte, format carré, en trois couleurs. 2 50

2109. **Mer du Corail.** Dépôt de la Marine. 1 feuille gr. aigle. 2 —

3041-3067-3082-3123-3130-3187-3194-3247-3406. **Australie**, en neuf feuilles
gr. aigle. Ensemble 18 —

985. **Archipels Taïti, Pomotou, Nouka-Hiva** et îles environnantes.
2 —

962. **Iles Marquises.** Archipel de Mendana ou de Nouka-Hiva. 2 —

1915-1946-1957-2799. **Nouvelle-Calédonie** en quatre feuilles gr. aigle 8 —

CHALLAMEL AINÉ, ÉDITEUR ET COMMISSIONNAIRE
LIBRAIRIE ALGÉRIENNE, MARITIME ET COLONIALE, 5, RUE JACOB, PARIS

ALGÉRIE, TUNISIE, AFRIQUE

La colonisation officielle en Algérie. Des essais tentés depuis la conquête et de la situation actuelle, par le Cte D'HAUSSONVILLE, membre de l'Académie française, Sénateur. Brochure in-8 ; 1883.   1 —

L'Algérie et les questions algériennes. Etude historique, statistique et économique, par Ernest MERCIER. 1 vol. in-8 ; 1883.   5 —

Situation politique de l'Algérie, par F. GOURGEOT, ex-interprète principal de l'armée d'Afrique, officier de la Légion-d'Honneur. — Le Sud ; Bou-Amena ; les Oulad Sidi cheikh ; Figuig ; le Tell ; les colons ; les grands chefs ; les Fellahs ; les Kramms ; Tyout ; création d'un Makhezen ; pouvoirs politiques ; pouvoirs administratifs. 1 vol. in-8.   5 —

Lettres sur le trans-saharien, par F. ABADIE. In-8 avec carte.   3 —

La pénétration dans l'Afrique centrale, par le contre-amiral AUBE. Br. in-8.   1 25

Le tracé central du chemin de fer saharien, par le général COLONIEU. Br. in-8 avec carte.   2 —

Description géographique de Tunis et de la régence, avec notes historiques, ethnographiques et archéologiques, par le commandant VILLOT, du 125e de ligne. Br. in-8 avec carte.   2 —

Histoire générale de la Tunisie, depuis l'an 1590 avant Jésus-Christ jusqu'en 1883, par Abel CLARIN DE LA RIVE, correspondant de la Société des études historiques de France. 1 vol. in-18.   2 —

Etude sur la propriété foncière en Algérie, par A. CARRA DE VAUX, ancien magistrat. Br. in-8.   » —

Le règne végétal en Algérie, par E. COSSON, de l'Institut. Br. in-8.   2 50

Le fermage des autruches en Algérie (incubation artificielle), par Jules OUDOT, ingénieur civil. 1 beau volume grand in-8, avec planches.   7 —

La question africaine (Algérie et Sahara). Etude politique et économique. — Les âges de pierre du Sahara central. Carte et itinéraire de la première mission Flatters, par L. RABOURDIN, membre de la première mission Flatters, etc. In-8.   3 50

Voyage de la mission Flatters au pays de Touareg azdjers, par Henri BROSSELARD, lieutenant au 4e régiment d'infanterie, chevalier de la Légion-d'Honneur, etc. 1 vol. in-18, illustré de 40 dessins de JUILLERAT, d'après les croquis de l'auteur.   2 25

Les Kabyles et la colonisation de l'Algérie, par H. AUCAPITAINE. In-18.   2 50

De Mogador à Biskra ; Maroc et Alger, par Jules LECLERCQ. 1 vol. in-18, carte.   3 50

Etudes d'après Fromentin. A l'ombre ; Ben-Laïeb le Mzabi ; le ravin des lauriers ; dans nos Alpes, par A. GEOFFROY. 1 vol. in-18.   3 50

L'Algérie au point de vue belge, par LANCELOT. Br. in-8.   1 —

EXPLORATION SCIENTIFIQUE DE L'ALGÉRIE

Sciences historiques et géographiques. Sciences médicales. Géologie et minéralogie. Sciences physiques. Zoologie. Sciences mathématiques. Beaux-Arts.

Pour cette importante collection, voir le détail à notre catalogue général

PARIS, CHALLAMEL AINÉ, 5, RUE JACOB

La Vallée du Darror. Voyage au pays des Çomalis (Afrique orientale), par Georges REVOIL. 1 vol. grand in-8 jésus. Edition sur très beau papier, avec plus de 60 dessins, *types, paysages, scènes* et *panoramas* hors texte, etc., d'après les photographies et croquis de l'auteur, par MM. DE HAENEN, DOSSO, SCHMIDT et GAILLARD, avec une carte. 15 —

Les oasis de l'Oued Rir' en 1856 et 1880, suivies du résumé des travaux de sondage exécutés dans le département de Constantine de 1879 à 1880 et de la production annuelle des oasis de Biskra à Ouargla, par H. JUS, ingénieur, directeur des travaux de sondage. In-8 avec carte. » —

Les plantes textiles algériennes. Histoire d'une botte d'Alfa, par H. JUS, ingénieur civil. Br. in-8. 2 —

La pâte d'Alfa, sa fabrication, son avenir, par Edouard BUCHSVALDER, ingénieur civil. Br. in-8. 1 25

Code musulman, par KHALIL (Rite malékite; statut réel), texte arabe et traduction française de N. SEIGNETTE, interprète du gouvernement général de l'Algérie. 1 beau volume grand in-8. 25 —

L'Afrique occidentale. Algérie, Mzab, Tildiket, par P. SOLEILLET. In-18 avec carte. 4 —

La question tunisienne et l'Afrique septentrionale. Angleterre, France, Italie, par Edmond DESFOSSÉS. In-8. 2 —

Le protectorat français en Tunisie, avec texte et commentaire du traité de Kassar-Saïd du 12 mai 1881. Br. in-8 par le MÊME. 2 —

De la réorganisation administrative et financière de la Tunisie, avec texte officiel des traités. Br. in-8 par le MÊME. 2 —

Espagne, Algérie et Tunisie. Lettres à M. Michel Chevalier, par P. DE TCHIHATCHEFF. 1 vol. gr. in-8 avec carte. 12 —

Le général Margueritte (Algérie et Sahara), par le général PHILEBERT. 1 vol. in-8, orné d'un portrait et d'un autographe du général 7 50

La vigne en Algérie, par DEJERNON. Br. in-8. 1 —

Bêtes à cornes et fourrages de Constantine, par DEJERNON. Br. in-18. 1 50

Souvenirs de l'armée d'Afrique, par Ernest WATBLED. In-18. 2 50

Colonisation de la Kabylie par l'immigration, avec itinéraires, cartes et plans. 1 vol. gr. in-8. 5 —

En Algérie, souvenirs d'un Provinois, par E. BOURQUELOT. In-18. 3 50

Etudes algériennes. L'Algérie politique et économique à travers la province d'Oran. Lettres sur l'insurrection dans le sud oranais, par ARDOUIN DU MAZET. Préface par L. DRAPEYRON. 1 vol. in-8. » —

L'ALGÉRIE AGRICOLE. — BULLETIN DE LA COLONISATION
Agriculture, horticulture, économie. Paraissant le 1ᵉʳ et le 15 de chaque mois. Publié par le Comice agricole d'Alger. — Abonnement, un an, 12 fr.

ANNUAIRES ET RECUEILS DE NOTICES

De la Société archéologique de la province de Constantine, de 1853 à 1882.

COLLECTION D'OUVRAGES POUR L'ÉTUDE DE LA LANGUE ARABE
PARIS, CHALLAMEL AÎNÉ, 5, RUE JACOB

CHALLAMEL AINÉ, ÉDITEUR ET COMMISSIONNAIRE
LIBRAIRIE ALGÉRIENNE, MARITIME ET COLONIALE, 5, RUE JACOB, PARIS

COCHINCHINE, TONKIN, NOUVELLE-CALÉDONIE

La Cochinchine contemporaine, par A. BOUINAIS, capitaine d'infanterie de marine, licencié en droit, chevalier de la Légion-d'Honneur, officier d'Académie, et A. PAULUS, agrégé de l'Université, professeur d'histoire et de géographie à l'école Turgot, officier d'Académie. 1 vol, in-8 avec une carte générale de la Cochinchine, réduction de la carte en 20 feuilles de M. le capitaine de frégate Bigrel. Documents récents. 7 50

Histoire de l'intervention française au Tong-King, de 1872 à 1874, par F. ROMANET DU CAILLAUD. 1 vol. in-8 avec 1 carte et 4 plans. 6 —

Notice sur le Tong-King, par ROMANET DU CAILLAUD. Br. in-8. Extr. du *Bulletin de la Société de géographie de Paris*, avec carte. In-8. 2 —

Les produits du Tong-King et des pays limitrophes. In-8. 1 25

Carte du Tonkin, publiée avec l'autorisation de la marine, par A. GOUIN, lieutenant de vaisseau, d'après les travaux de MM. les ingénieurs-hydrographes de la marine, les officiers de vaisseau, les missionnaires, et de MM. J.-L. DUTREUIL DE RHINS, J. DUPUIS, ROMANET DU CAILLAUD, MALLART, lieutenant d'infanterie de marine, VILLEROI, et d'après les cartes annamites. Très belle carte, grand aigle, en trois couleurs. 4 —

Exposé chronologique des relations du Cambodge avec le Siam, l'Annam et la France, par Ch. LEMIRE. Br. in-8. 2 50

Cochinchine française et Royaume du Cambodge, avec l'itinéraire de Paris à Saïgon, avec carte de la Cochinchine française, un plan du canal et des villes de Suez, etc., par Ch. LEMIRE. 1 fort volume in-18. 4 —

L'ouverture du fleuve rouge au commerce et les Evénements du Tonkin, 1872-1873. Journal de voyage et d'expédition, par J. DUPUIS. 1 vol. in-4 avec une carte du Tonkin, d'après des documents inédits. 15 —

L'Inde française. Deux années sur la côte de Coromandel, par L. DE CHAROLAIS. 1 vol. in-18. 3 50

Code annamite. Lois et règlements du royaume d'Annam, traduit du texte chinois original, par G. AUBARET, capit. de frégate. 2 vol. in-8. 10 —

Etat de la Cochinchine française en 1881. 1 vol. in-4, imprimerie du gouvernement à Saïgon. 7 —

L'Annam et le Cambodge. Voyages et notices historiques, avec carte, publié par M. l'abbé BOUILLEVAUX. 1 vol. in-8. 6 —

Souvenirs de Hué (Cochinchine), par M. CHAIGNEAU, ancien officier de marine, consul de France. 1 vol. in-8 avec plans et un tableau. 9 —

Notice sur la Basse-Cochinchine, par M. L. DE GRAMMONT. In-8. 1 25

Bibliographie annamite. Livres, recueils périodiques, manuscrits, plans, par M. BARBIÉ DU BOCAGE (V.). 1 vol. in-8. 2 50

Luc-Van-Tien, poème populaire annamite, transcrit pour la première fois, par G. JANNEAU. 1 vol. in-8, 2ᵉ édition, avec notes et planches. 8 —

France et Chine. Vie publique et privée des chinois, anciens et modernes. Passé et avenir de la France dans l'Extrême-Orient. Instructions politiques, sociales, civiles, etc., etc. 2 vol. in-8. 12 —

LIBRAIRIE ALGÉRIENNE, MARITIME ET COLONIALE, CHALLAMEL AINÉ

Histoire et description de la Basse-Cochinchine (pays de Gia-Dinh), traduit d'après le texte original par G. AUBARET. 1 vol. gr. in-8. 6 —

Grammaire annamite, suivie d'un Vocabulaire annamite-français, par G. AUBARET. 1 très gros volume grand in-8. 25 —

La grammaire annamite seule. Br. gr. in-8 —

Dictionnaire annamite-français, par l'abbé LEGRAND DE LA LIRAYE, ancien interprète du gouvernement pour l'annamite. 1 vol. gr. in-8. 10 —

Vocabulaire français-cambodgien et cambodgien-français, contenant une règle à suivre pour la prononciation, les locutions en usage pour parler au roi, aux bonzes, aux mandarins, etc., par MOURA, ancien représentant du protectorat français au Cambodge. 1 vol. gr. in-8. 10 —

L'Extrême-Orient. Cochinchine, Annam, Tonkin, par Raoul POSTEL, ancien magistrat à Saigon. In-18 avec gravures dans le texte. 2 50

Collections d'ouvrages pour l'étude des langues annamites, chinoises, cochinchinoises, etc.

La Colonisation française en Nouvelle-Calédonie et dépendances, comprenant les itinéraires de France à Nouméa, par l'Australie, la carte de l'Amérique, le tracé kilométrique d'un voyage à pied autour de la Grande-Terre ; des tableaux, cartes, plans et gravures indigènes, etc., par CH. LEMIRE. 1 beau volume petit in-4. 20 —

L'Australie intérieure. Exploration et voyage à travers le continent australien, par Ch.-A. GRAD. In-8 avec carte par MALTE-BRUN. In-8. 5 —

Géographie minéralogique de la Nouvelle-Calédonie (nickel, cuivre, or, charbon), par M. l'abbé TRIHIDEZ, aumônier de la flotte. In-8. 1 25

Guide-agenda de France en Australie, en Nouvelle-Calédonie et aux Nouvelles-Hébrides, par Suez, Aden, la Réunion et Maurice, par Ch. LEMIRE. 1 vol. in-18, relié toile. 3 50

Guide-agenda. — Traversée de France en Nouvelle-Calédonie et Tahiti par le cap de Bonne-Espérance et retour par le cap Horn, par Ch. LEMIRE. 1 vol. in-18, relié toile. 3 50

Souvenirs de la Nouvelle-Calédonie. Voyage sur la côte orientale, un coup de main chez les canaks, pilou-pilou à Nanioussi, par U. DE LA HAUTIÈRE. 1 vol. in-18. 3 —

Carte de la Nouvelle-Calédonie, dressée d'après la grande carte marine et le relevé d'un voyage à pied autour de l'île, au 1/440,000, par Charles LEMIRE, chef de la mission télégraphique. *Nouméa*, une très belle carte en quatre couleurs. 5 —

Nouméa ; Presqu'île Ducos ; Ile de Nou au 1/40,000, par Ch. LEMIRE. Une carte format carré, en trois couleurs. 2 50

CHALLAMEL AINÉ, libraire-éditeur et commissionnaire pour la Marine et les Colonies

5, RUE JACOB, ET 2, RUE FURSTENBERG

Havre. — Imprimerie BRENIER et Cᵒ, rue Beauverger, 2.

www.ingramcontent.com/pod-product-compliance
Lightning Source LLC
Chambersburg PA
CBHW050641170426
43200CB00008B/1115